特色课程建设丛书

丛书主编　杨四耕

周卫倩◎著

儿童视角

"慧阅读"课程

华东师范大学出版社

·上海·

图书在版编目（CIP）数据

"慧阅读"课程：儿童视角/周卫倩著.—上海：
华东师范大学出版社，2021
（特色课程建设丛书）
ISBN 978-7-5760-1608-6

Ⅰ.①慧… Ⅱ.①周… Ⅲ.①阅读课—教学研究—学
前教育 Ⅳ.①G613.2

中国版本图书馆 CIP 数据核字(2021)第 065117 号

特色课程建设丛书
"慧阅读"课程：儿童视角

丛书主编　杨四耕
著　　者　周卫倩
责任编辑　刘　佳
项目编辑　林青荻
特约审读　王秋华
责任校对　张　筝　时东明
装帧设计　卢晓红

出版发行　**华东师范大学出版社**
社　　址　上海市中山北路 3663 号　邮编 200062
网　　址　www.ecnupress.com.cn
电　　话　021-60821666　行政传真 021-62572105
客服电话　021-62865537　门市（邮购）电话 021-62869887
地　　址　上海市中山北路 3663 号华东师范大学校内先锋路口
网　　店　http://hdsdcbs.tmall.com/

印　刷　者　上海锦佳印刷有限公司
开　　本　787×1092　16 开
印　　张　13.5
字　　数　203 千字
版　　次　2021 年 6 月第 1 版
印　　次　2022 年 8 月第 2 次
书　　号　ISBN 978-7-5760-1608-6
定　　价　42.00 元

出 版 人　王　焰

（如发现本版图书有印订质量问题，请寄回本社客服中心调换或电话 021-62865537 联系）

丛书总序 走向课程自觉

这是一个焦虑的时代,每一个人都忙忙碌碌;这是一个无坐标的时代,很多人都不知身处何方;这是一个看不见路的时代,大家都不知该如何去面对新的情境;这是一个感觉模糊的时代,对很多事我们缺乏了应有的自觉和反思。

面对这样一个时代,我们需要有起码的文化自觉。在费孝通先生看来,文化自觉是生活在一定文化历史圈子里的人对其文化有"自知之明",并对其发展历程和未来有充分的认识。换言之,文化自觉就是文化的自我觉醒、自我反省和自我创建。

要提升学校课程品质,实现立德树人根本任务,文化自觉是不可或缺的。在我看来,课程领域的文化自觉就是课程自觉,它是人们基于对课程的理性认识,为着课程品质的提升而有清晰的目标意识和科学的路径观念,自觉参与课程变革实践的理性之思与理性之行。

课程自觉是一种有密度的自觉,它不是一个简单概念,而是一种思想、一种行动、一种文化,包含课程自知、课程自在、课程自为、课程自省以及课程自立等基本构成。推进特色课程建设,我们需要怎样的课程自觉呢?

1. 清晰的课程自知。课程自知是人们对特定课程情境的自觉理解,对课程理念和愿景的清晰判断,对课程内容和框架的基本认识,对课程实施路径和方位的整体把握。认识课程,认识自我,这不是一件容易的事。对一位校长来说,课程自知意味着对学校课程规划的整体理解,自觉研判学校文化与课程建构的关系、育人目标与课程架构的关系、资源调配与课程实施的关系;对一位教师来说,课程自知意味着对学科课程群建设的自觉思考,自觉跳出"课程即科目""课程即教学内容"等狭隘的课程观,建立与立德树人要求相适应的崭新课程观。

2. 透彻的课程自在。萨特说:存在先于本质。他曾将存在分为自在的存在和自为的存在,自在的存在是物体同其本身等同的存在,自为的存在是同意识一起扩展的存在。课程自觉需要深刻理解课程自在的文化,需要完整把握课程自在的处境,需要清晰认识课程变革的制度环境和现实可能,进而意识到哪些是可为的,哪些是不可为的;哪些是必须做的,哪些是可选择的;哪些是自己即可为的,哪些是需要制度支持的。

3. 积极的课程自为。按照萨特的观点,自为的存在是自我规定自己存在的。意识是自为的内在结构,自为的存在就是意识面对自我的在场。对课程变革而言,课程主体按照课程发展规律,通过自身的自觉行为和实践实现课程品质的提升,就是课程自为。课程自为意味着我们对课程自在的不满足,意味着我们开动脑筋思考课程变革的空间,意味着我们通过直面本己的课程实践培育新的课程文化,意味着我们在积极的卷入中推进课程深度变革。

4. 深刻的课程自省。课程自省即课程反思。杜威(1933)曾将反思解释为"思,我所思(thinking about thinking)",他鼓励专业人士审思每一个专业判断之下的潜在逻辑。课程变革是一种反思性实践,需要对实践进行反思,再将反思带到新的实践中去。反思性实践是一种主动且持续地审视理论、信念和假设的过程,它可以帮助我们在课程实践中更好地理解自我与他人,选择合适的方式应对可能的情境。课程反思是凌驾于思维之上的更高层次的反思。当你站在既定的框架里去检查这些规则的时候,是无法发现这些规则的问题的;如果你可以跳脱出来,不带评判和预设地去分析这些规则,其中的不妥之处就会被你看到。课程反思是一种能力,当你掌握了这项能力的时候,你就像"觉醒"了一样,一样的世界,你却会有不一样的"看法"。这就是哈贝马斯所谓的"沟通理性"概念,提升课程品质特别需要这样一种理性:反省、批判和论证。

5. 持守的课程自立。《礼记·儒行》:"力行以待取。"每一个人只有在自己的行动中,才能发现自己,才能向世界宣布他具有怎样的价值。课程自立是一个人认识到课程变革是自己的事,要有自己的立场、自己的创见,自持自守,不为外力所动,不随波逐流,进而"回到粗糙的地面"(维特根斯坦语),自觉参与到课程变革中来。课程自立本质上是在课程自知、课程自在、课程自为以及课程自省的作用之下,依靠自己的自觉和力量对课程实践有所贡献,并在此过程中逐渐提升自己的课程能力和专业成熟度,确证自己的"课程人"地位,成为"自己的国王"。

当我们有了清晰的课程自知、透彻的课程自在、积极的课程自为、深刻的课程自省以及持守的课程自立的时候,我们便作为"有创见的主体"主动地介入到课程设计、实施、评价与管理的全过程之中了,学校课程深度变革便自然而然地发生了。

　　费孝通先生说:"文化自觉是一个艰巨的过程。"让课程意识从"睡眠状态""迷失状态"到"自觉状态",也是一个艰难而痛苦的过程。可喜的是,本套丛书的作者秉持课程自觉之精神,聚焦特色课程建设,在课程自知、课程自在、课程自为、课程自省和课程自立方面掘进,迎来了课程变革的新境界!

杨四耕

2020 年 7 月 3 日于上海市教育科学研究院

目录

序 // 1

前言 // 1

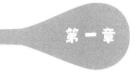 第一章 "慧阅读"课程的情境脉络 // 1

儿童是天生的哲学家,阅读是他们的天性,他们对于知识有着原始的探索欲望。儿童的思维发展与其"阅读"世界是紧密联系在一起的。儿童哲学是开展主题式阅读活动的理论基础,主题式阅读活动是儿童哲学的实践载体。"慧阅读"课程设计来源于儿童哲学的理论启迪和园本课程的历史沉淀。

第二章　"慧阅读"课程的整体架构 / 23

基于儿童哲学制定科学的"慧阅读"课程目标,依托"让每一个孩子喜阅童心世界"之理念,遵循适宜的原则,建立合理的课程架构。在实践中,教师不断创新探索,优化课程实施路径,总结活动策略,积累了一系列精品课程活动案例,提升了课程品质,促进了儿童发展。

第三章　"慧阅读"课程的资源整合 / 69

资源是课程开发的基本条件。图书馆的空间再造、图书角的全新设计、图书资源的合理分配、家长资源的巧妙介入、社区资源的深度挖掘,是"慧阅读"课程的资源整合智慧。依托资源革新,"慧阅读"课程的实施环境及课程内容得以激活,有利于促进了儿童的全面发展。

丰富多元的"慧阅读"课程,不仅仅是在幼儿园的一日活动中进行,更是充分潜隐在每一个家庭之中,亲子朗诵会、图书漂流、书香家庭等阅读活动让家长浸润其中,亲身体验了课程的内涵,享受了课程全过程的乐趣。"慧阅读"课程唤醒了每个家庭的阅读潜能,提升了家庭共读能力。可以说,家庭已成为课程变革不可或缺的一部分。

序

　　我曾经在 2008 年的时候去过嘉定区实验幼儿园,那是全国幼教界刚开始认识并提倡早期阅读价值的时候,幼儿园就已经开始了基于图画书的早期阅读教育探索。当年我们华东师大学前系党支部与嘉定区实验幼儿园开展了一次联席教研活动,在幼儿园实地研讨了早期阅读教育的工作。一晃十几年过去了,今年年初的时候,我参加上海市教委幼教教研室在嘉定区实验幼儿园举办的课题项目会议,再一次见到了幼儿园的园长、老师们,看到了"慧阅读"课程的快速发展和令人欣喜的变化。今天读到这本即将出版的著述,我想说,中国幼儿园应当如何进行独特的文化和园本课程探讨,嘉定区实验幼儿园的"慧阅读"课程研究过程,给我们提供了别具一格并具有发展价值的雏形。

　　在嘉定区实验幼儿园的"慧阅读"课程中,我们看到图画书作为儿童学习的一种最美好的载体,给孩子们呈现了不仅仅是语言阅读的学习,而且是大量"通过语言的学习"的机会。重视学前儿童"通过语言的学习",是近年国际儿童语言教育的一种新的发展取向。因为学前阶段儿童的语言学习具有双重的功能,学前儿童非常重要的发展任务是在语言发展关键期内学习语言,掌握母语的语音、词汇、语法和语用能力。与此同时,研究愈来愈重视儿童在学习语言的同时,需要通过语言获得认知概念,通过语言获得社会知识,通过语言获得交往能力,还要通过语言获得信息支持。对幼儿园教育而言,这个双面学习的重要性,是我们进行早期教育和早期语言阅读教育不能忘却的工作职责。嘉定区实验幼儿园的"慧阅读"课程,实际上就是将一本早期语言与阅读教育的书,扩展成为了一系列的语言阅读学习和通过语言阅读的学习过程。

　　这些年来,伴随着中国幼教界对早期阅读的日益重视,有关图画书解读和早期阅读教育的成果也日益增多。但遗憾的是,这当中存在着一个重要的缺失,即我们在解读一本图画书的时候,往往忽略图文并茂的图画书里隐藏着的"大概念",并因此不能抓出这个"大概念"而将之贯穿到早期儿童发展与教育过程中去。我很高兴看到嘉定区实验幼儿园尝试站在儿童哲学的高度去提炼幼儿园"慧阅读"课程的核心，着力在阅读过程中培养孩子们的逻辑思维能力。看起来他们带领孩子们阅读的是我们都挺熟悉的图画书，他们带领孩子们学习的阅读专题，也都是我们知道的"阅读自己""阅读自然""阅读社会"的主题，但是我希望研究早期教育和早期阅读的同行们关注到，他们的每一本图画书的选择，每一次活动的教育目标，都嵌置了培养儿童批判性思维、协同性思维、关怀思考力和想象创造力的"大概念"。有了这样的"大概念"，我们和孩子们在阅读和通过阅读的学习中，就有了"对话"的好机会，也就会创造出有质量的"对话"过程。我清楚地记得，在今年年初的课题活动现场上，嘉定区实验幼儿园的老师和孩子们，非常好地展现了围绕《天啊！错啦！》的讨论过程。孩子们那些活跃的思路，不轻易赞同别人的看法，还有那些流利的表述，让在场的所有参会者惊艳不已，常常忍不住为孩子们讨论的有趣之处哄堂大笑。我相信，这是积极的阅读和通过阅读的机会，给了孩子们积极探索世界、思考世界和表达对世界看法的经验。

我需要特别指出的一点是，这本书在介绍"慧阅读"课程的时候，非常好地呈现了幼儿园围绕早期阅读的系列活动过程。书中提供的那些图文并茂的案例，让我们清楚地看到，真正好的早期阅读学习，真正好的通过阅读的学习活动，是具备了我们所说的"阅读—讨论—游戏—活动"一体化的活动特质的。请各位幼教界同行认真阅读这本书中图文并茂的活动案例，因为这是我们一直所提倡的幼儿园语言和阅读学习规律之所在，也是我们希望的幼儿园语言与阅读教育方法之大成。

我相信嘉定区实验幼儿园的"慧阅读"园本教研工作，将对他们未来的工作产生长远的影响。希望他们继续努力研究站在儿童哲学高度的幼儿园"慧阅读"课程，真正从有限的研究生成出无限的教育发展空间，从而为具有中国特色的儿童教育实践作出自己的特别贡献。

华东师范大学　周兢教授

2020 年 3 月

前 言

《"慧阅读"课程：儿童视角》聚焦幼儿园阅读活动的现实问题，从传统的"一本书一个活动"转变为"一本书一系列活动"，通过营造阅读环境激发儿童的阅读兴趣，通过观察识别儿童的阅读习惯，支持提高儿童的阅读能力，从而激发儿童的学习主动性，培育儿童的学习品质。

首先，本书基于儿童哲学的理论基础，将儿童哲学与阅读活动相结合，开创了阅读活动的新视域。儿童哲学注重培养儿童的逻辑推理能力、批判性思维和创造性思维，在群体探究的教育情境中，通过对话的形式开展教学活动，进而培养"有理智的探究者"。儿童哲学是运用哲学的认识论和方法论发展儿童思维的一门学科。基于儿童哲学的"慧阅读"课程从儿童的发展需求出发，有效促进和实现了教育的根本目标。以其思辨、创新的突破性教学方式，对传统的阅读活动进行了颠覆和革新。本书旨在说明的是"慧阅读"课程让每个儿童的个性得到和谐、充分的发展，让儿童终身持续发展，让儿童创造性地发展，从而激发儿童独立思考和创造的欲望。"慧阅读"课程的宗旨就是点燃儿童阅读兴趣，尊重儿童个性特点，促进儿童全面发展。

其次，本书从"慧阅读"课程的情境脉络、课程架构、资源整合、全纳评价和家园共育几个方面系统而全面地向广大读者介绍了"慧阅读"课程的组织和实施方式。从书中我们可以看到，"慧阅读"课程的教学空间是开放式的，其内容并不局限于某一种或某几种活动。因此，教师围绕"阅读自己""阅读自然""阅读社会"这三方面，设计并实施"慧阅读"课程，让儿童在丰富的活动中，通过不同的表达表现来实现综合且健康的发展，从而培养出"爱阅读、善表达；喜探究、乐运动；会交往、有自信"的智慧儿童。系统而完备的组织方式对幼儿园开展阅读活动具有实操性和推广性意义。

　　最后，在这本写给一线教师阅读的书中具有大量的资源整合和案例分享，能够帮助读者解读概念、明晰做法，让教师在轻松阅读中产生强烈的现场感，并感悟优秀教师在"慧阅读"课程中的所思所想所行，对提高广大教师多元、立体开展阅读活动具有推动作用。

　　希望，本书能带给喜爱阅读、热爱阅读活动的老师们一些借鉴和启示。

第一章

"慧阅读"课程的情境脉络

儿童是天生的哲学家,阅读是他们的天性,他们对于知识有着原始的探索欲望。儿童的思维发展与其"阅读"世界是紧密联系在一起的。儿童哲学是开展主题式阅读活动的理论基础,主题式阅读活动是儿童哲学的实践载体。"慧阅读"课程设计来源于儿童哲学的理论启迪和园本课程的历史沉淀。

"慧阅读"课程立足于培养儿童良好的阅读兴趣、阅读习惯和阅读能力,通过探索多元的阅读内容、形式和方法,帮助儿童从学会阅读走向通过阅读实现自我成长。我们的实践证明,"慧阅读"课程可以为儿童的素养发展奠定良好的基础。

第一节　来自儿童哲学的启迪

儿童哲学是培养儿童的哲学素养的一种教育形态。这种教育形态从"人与自然""人与自我""人与社群"三方面入手,创设"探究共同体"的教育情境,激发儿童的主动性与潜在能力,培养儿童的逻辑推理能力、批判性思维及创造性思维,并通过开展多元的活动形式,呵护儿童的哲学天性,鼓励儿童进行真理探求。儿童哲学的意义不在于教授儿童系统的哲学知识,而在于激发儿童爱问、爱质疑的天性,乐于思考自身和周围生活世界的倾向,使之养成独立的人格和良好的思维习惯。也正因如此,儿童哲学给予了"慧阅读"课程以思想的启迪。

儿童是天生的哲学家。

儿童哲学兴起于 20 世纪 60 年代末,由哥伦比亚大学教授李普曼创立。儿童哲学研究者提出了"儿童即哲学家"这个理念,如李普曼、普里查德、麦考尔、刘晓东、张莉、戴月华等,都是通过一系列的案例证明儿童有资格享有"哲学家"这个头衔。1969 年,李普曼的儿童哲理小说《聪聪的发现》(*Harry Stottlemeier's Discovery*)出版,宣告儿童哲学的诞生。1974 年,李普曼创立了"儿童哲学研究所"(IAPCI),并于同年在全美哲学年会上向同行们宣布了儿童哲学的理念。儿童哲学先驱者马修斯提出"儿童的哲学",他认为孩子们本身的发展、话语和行为就是他们的哲学,成年人从未发现过。他主张,加强与儿童的直接对话,倾听儿童话语间的逻辑思维及其哲学含义,是儿童哲学的探究方法。儿童哲学的意义在于,通过对具有哲学意味的问题的探究,引导儿童发展逻辑性、创造性及批判性。

图画书是儿童哲学最重要的"输入管道"。

儿童哲学是开展主题式阅读活动的理论基石,主题式阅读活动是儿童哲学的实践载体。儿童是天生的哲学家,对于知识有着原始的探索欲望,而图画书在发展低龄儿童思维方面有着得天独厚的优势。根据心理学家皮亚杰对儿童思维发展阶段的划分,

2至7岁的儿童处于前运算阶段也就是具体思维阶段。我园实践证明,图画书有鲜明生动的图画、简单明了的文字,符合儿童的年龄特点,当之无愧地成为了儿童哲学最重要的"输入管道"。目前,图画书阅读这种模式在幼儿园颇为流行。大家普遍认为图画书具有"亲儿童"的特质,更容易激发儿童的探究兴趣。当然,图画书必须营造出一种不确定性的意境,才能激发师生去创造意义、建构知识。推进图画书阅读,将答案固定在某个维度或方向上是愚蠢的。杨妍璐(2018)指出:"运用图画书开展哲学相关的图画书活动,需要有完整的流程体系,一是从哲学的角度选择图画书;二是创造一个思考的氛围;三是提问以及确立问题;四是引导讨论;五是回顾和总结。"①因而,幼儿园主题式阅读活动依托图画书这一载体,将图画书的意义放大,体现出儿童哲学对于主题式阅读教学的引导作用。

儿童的思维发展与其阅读世界是联系在一起的。

从思维的视角出发,儿童哲学是思维训练的新模式。

刘晓东提出儿童缺少反思性思维,往往自己并未意识到他有一套生长着并转变着的"世界观"或"哲学"。因此"儿童哲学"可以帮助他们界定关于世界(即常说的宇宙人生)的观念,既包括好奇、困惑、探究,也包括对世界的理解与阐释。②李普曼模式是站在逻辑思维训练的立场上来构建儿童哲学的。儿童哲学是以发展思维为契机,把认识世界、获取知识有机结合为一个和谐的整体,通过认识世界的整体性和一致性来发展思维的全面性和一致性的高度统一;③是一门以哲学为手段的学科,通过对周围世界或自我所进行的积极探索、思考、认识和解释的过程来发展儿童的逻辑推理能力、批判性思维及创造性思维,即求知、求真、追源的哲学精神,从而培养儿童创新精神和创造能力的课程体系;④李普曼认为儿童具有巨大的思维潜力,教育系统应该学会有效地培养他们天生的好奇心、反思性思考的能力。与此同时,其认为思维的改进涉及到反

---

① 杨妍璐.哲学文本绘本及在儿童哲学课中的应用[J].上海教育科研,2018(1):24-27.
② 刘晓东.论儿童哲学启蒙[J].上海教育科研,1998(9):9-11.
③ 张诗亚.李普曼的儿童哲学观概说[J].教育评论,1989(5):65-66.
④ 王海澜.儿童的哲学:概念思考及哲学性问题特征分析[J].上海教育科研,2019(11):44-47.

思性、关爱性、批判性、创新性的维度的培养。[①] 由此可见，儿童哲学就是把哲学的思考方式带给儿童，而不是把哲学理论或知识灌输给儿童，正是在这一点上，儿童哲学建构了哲学教育的崭新形态，使得哲学与儿童合理地站在同一平台上，也使得儿童的思维发展与其阅读世界联系在一起。

所谓儿童哲学其实并不是教儿童一套哲学理论，而是指引儿童认识世界的特点以及如何引导儿童正确地看待世界。前者主要反映儿童认识世界的特点和规律；后者主要反映教育引导儿童的智慧和科学。可想而知，这样的理念背景下不止教会了儿童认知和思维，也帮助儿童形成了对真善美的价值追求。

---

① 李凯，杨秀秀.为思维而教：李普曼儿童哲学的教学意蕴[J].外国教育研究，2019(5)：16-29.

第二节 "慧阅读"课程的沉淀

我们的"慧阅读"课程缘何而来？

"慧阅读"课程源于做特色品质课程的愿望。三年来，我园一直致力于建设特色品质课程——"慧阅读"课程，致力于把更好的阅读课程带进儿童的生活中，打破原有常态的阅读模式，让儿童能从多元阅读形式和优质阅读课程中快乐阅读、快乐成长。同时，"慧阅读"课程也源于唤醒"儿童立场"的需求。基于教育理念和儿童观的转变，教师应该更多地从儿童立场出发，除了促进儿童的阅读能力和语言能力等方面的发展，还要思考儿童在阅读中能收获什么，想收获什么，关注儿童在阅读活动中学习品质的培养，关注儿童的兴趣和需求。最后，源于区域品牌课程建设的要求。基于区教育综改重点项目大视野课程"慧雅阅读"项目的实施，我园紧跟其后，深化设计"慧阅读"课程，关注儿童核心素养，打造品质课程。

基于儿童立场建构"慧阅读"课程成为我园课程改革的突破点。课程思考从三方面出发：一是顺应儿童天性，让课程适应每一位儿童的发展。"慧阅读"课程通过多元的阅读内容和形式，让每个儿童都能在阅读中找到自己感兴趣且适合自己的阅读方式。课程关注每位儿童的兴趣与需要，适应每位儿童的发展。二是尊重儿童主体，让儿童在课程中获得真实体验。"慧阅读"课程中，儿童通过游戏、表演、建构、探索等各种形式的活动，体验理解故事中的内容情节，获得真实的体验与经验。三是强调儿童本位，着力加强对"儿童立场下课程实施"的深入研究。"慧阅读"课程从传承到重构，从厘清关系到实践落地，研究逐渐清晰。由此，我园以提升儿童学习品质为基点，以儿童哲学为切入点，开展多角度、有创意的阅读活动，深入研究儿童视角下的活动实施途径，从"阅读自己""阅读自然""阅读社会"三个指向，通过不同的支持手段和形式，让每一个儿童认识自己，接触自然，走进社会。

我园的"慧阅读"课程有二十多年的历史，经历了以下四个阶段：

阅社会，让儿童亲近社会。这是我园"慧阅读"课程第一阶段的重要使命。我们开展节日教育等社会性活动,让儿童阅读社会,走进社会。1996年至2006年,我园以市级课题"面向社会,学会适应选择"的研究为核心,以"主题式综合活动"模式构建并开展社会性主题活动,凸显中国传统节日教育。

传统节日教育对于儿童的教育意义十分重大。中国的传统节日包含了强烈的民族情感,开展传统节日教育,不仅有利于爱国情感的渗透,而且有助于儿童了解社会民俗习惯、社会礼仪及规范等,有利于儿童的认知、情感、行为的互为发展。因此,在传统节日教育中,儿童更加了解社会,为将来的社会适应奠定基础。

阅绘本,让儿童学会阅读。 "儿童早期阅读"为"慧阅读"课程第二阶段的聚焦点,2006年至2010年,我园以阅读活动为实施途径,开发和编撰了《相约在阅读树下》园本教材,立足于让儿童从小养成良好的阅读兴趣、习惯和能力。在早期阅读活动中,儿童不仅习得了丰富规范的语言,思维发展方式由直觉行动思维向形象思维、抽象逻辑思维逐步转化,而且其审美能力和创造力也得到进一步的锻炼和发展,对儿童将来的终身阅读、学业、工作等都有积极影响。

阅自己,让儿童个性生长。 "慧阅读"课程的第三阶段,我园基于儿童的需求开展MY课程。2010年至2015年,在重点课题《基于每个幼儿充分发展的教育过程公平的实践研究》的引领下,我园树立教育公平的理念,开展"我的课程"实践研究,根据每个儿童的个体差异制定不同教育策略,关注每位儿童的差异发展,提高儿童学习的主动性和积极性,让每一名儿童都获得同等发展的条件和机会,达到最好的发展水平。

慧阅读,让儿童充满智慧。 "慧阅读"课程的第四阶段进入课程统整研发。2016年至今,我园作为区"慧雅阅读"项目实验基地以及牵头单位,立志以阅读素养观为基点,以高品质阅读材料为载体,让每一个儿童成为博慧雅正,乐思善思,具有终身阅读素养的智慧儿童。同时,结合我园区级重点课题《儿童哲学视域下,主题式阅读活动培育儿童学习品质的实践研究》,在传承、创新的课程理念下,以儿童的学习品质为基点,开展多角度、有创意的活动。

当下,"慧阅读"课程正经历新的课程变革: 一是创新课程模式。突破常态化阅读活动组织形式,进一步拓展多元的阅读内容、途径、资源等,深度培育儿童的良好学习品质。二是转换教师理念。阅读活动的价值不仅仅局限于促进儿童阅读能力的提高或语言能力的发展,还在于对儿童的综合素养的培养。

案例 1-1 十二生肖

过年前的那段时间,老师们会和儿童做些什么呢? 一起布置新年环境,一起来场唐装秀,一起通过集体教学活动来了解春节……以往传统的节日活动往往大多如此。我们希望儿童对我国的传统节日感兴趣,了解春节对于我们中国人的特殊意义,但仅一次的活动,儿童感受不深,教育的效果也没有达到最大化。因此,我们探索如何以情境为导向来发挥活动的有效性,使其浸润儿童的内心,丰富他们的认知。下面就以《十二生肖》主题式阅读活动为例,说说我们的实践吧!

一、活动缘起

12月份伊始,我们投放了一些有关"年"的图画书,如《过年啦》《十二生肖》《年兽的故事》等,这些图画书陪伴着他们的"阅读一刻",他们翻阅着,渐渐地对于中国的"年"有了初步的认识和了解。在儿童自主阅读时,我们发现他们对于《十二生肖》这本故事书特别感兴趣。儿童被书中的动物形象逗得哈哈大笑,也对书中玉皇大帝所采取的评选十二生肖的方法提出了自己的想法,甚至在睡前故事时间,他们也不止一次地要求教师讲述这个故事。

二、挖掘价值

基于儿童对于《十二生肖》这本图画书的浓厚兴趣,我们决定开展一次关于《十二生肖》的主题式阅读之旅。《十二生肖》故事内容有趣,画面鲜艳,情节丰富。为了使活动开展得更有趣有益,我们对图画书的核心价值进行了分析:语言领域(书中有很多完整规范的对话,十分适合儿童模仿)、社会领域(书中通过渡河比赛按照先来后到来选取十二生肖,让儿童明白做事要讲规则)、科学领域(书中讲到了多种动物,能让儿童感知不同动物的外形特征与习性)、艺术领域(书中渡河的情节和不同动物的动作形态适合儿童进行模仿和表演)。

三、环境创设

在大班《我是中国人》主题下的小站点《多彩的民间活动》中内容与要求部分提到"了解我国丰富多彩的民间节日及习俗,感受参加民俗活动的快乐"。基于以上内容与要求,教师和儿童一起说说过年的有趣习俗,感受过年的欢乐气氛。儿童对新年有一定的生活经验,在与同伴的交流分享中可以积累符合本年龄段儿童对于新年新的认知经验。同时,教师在班级环境的创设上也为儿童提供相关的支持,包括主题墙、问题墙、个别学习区域。如主题墙的创设中,我们与儿童进行讨论,确定主题墙的主题和内容,创设有关生肖、过年民俗文化的互动型主题墙。我们鼓励儿童在阅读图画书后把自己的想法和问题用自己的方式记录下来,贴在问题墙上,其他儿童根据自己的经验解答或通过查阅资料、寻求成人帮助等方式共同解答。

当然,只是主题墙和问题墙的创设是远远不够的,为了使儿童更好地融入《十二生肖》的情境中,我们也在个别化区域进行了设计与思考。如在美工区投放高、低结构材料,供儿童设计和制作自己心目中十二生肖的形象。同时,鼓励儿童制作能点缀过年气氛的物品,如灯笼、鞭炮、对联等。语言区中投放若干本图画书《十二生肖》供儿童阅读,鼓励儿童续编故事或自己创编故事。而在益智区中,我们针对儿童的兴趣点增加了"十二生肖大调查",提供记录表,儿童通过调查家庭成员、朋友伙伴、保教人员的生肖,并做相应的记录和统计,尝试发现其中一些有趣的现象,如:属相一样的为什么年龄不一样? 在表演区中我们提供一些小动物头饰和乐器,儿童可以在表演区进行关于

《十二生肖》的故事表演,同时提供低结构材料,如纸板、无纺布等,儿童可以根据自己的表演需要,制作道具、背景板等(见图1-1)。

图1-1 故事表演

四、情境相融

儿童对于动物有着浓厚的兴趣和喜爱,对于动物的外形特征和生活习性充满着好奇心。大班儿童对于自己的属相有所了解,但对于十二生肖的由来并不十分了解,想要探究其中的奥秘。儿童通过自主阅读、集体阅读和阅读讨论会三次阅读活动对故事内容有了更深的了解,对书中角色间的语言也有深刻的印象并产生自己的想法。

在一次次阅读图画书的过程中,儿童产生了自主表演故事的欲望。于是,他们自行布置场景、分配角色,并利用空余时间排练、表演《十二生肖》。为了让每一次表演都更有序,他们还制作了节目表,安排好每一次小演员的角色、场景等。通过类似计划书的形式,使每一次表演都更有效。

在表演的过程中,儿童对原有材料无法满足,他们需要更多的背景板、头饰以及动物的装饰等。于是,部分儿童在美工区进行了道具制作。其他儿童看到表演后,萌发了为他们制作道具的愿望,于是他们事先了解好演员的需求,利用无纺布、纸等材料为他们制作道具。表演区的儿童在表演过程中有任何需要,也会及时和道具组的儿童沟通。

《十二生肖》原有的故事内容已不能满足儿童的表演欲望,所以儿童以小组的形式改编、续编《十二生肖》的故事。有的儿童将大家的问题收集起来,合订成一本关于《十二生肖》的你问我答;有的儿童调查了周围人的生肖属相,制作了一本《十二生肖大调查》;有的儿童则从原有图画书出发,续编或改变了故事,如:动物们参加了大胃王比赛、搞笑比赛;动物们评选上十二生肖称号以后……

儿童在主题进行过程中,对民俗文化也有了进一步的了解,初步接触了皮影戏并对其有浓厚的兴趣。原来除了角色表演外,皮影戏也可以是一种表演形式,于是他们想要以皮影戏的形式来演绎《十二生肖》的故事。因此,我们找来制作皮影戏的原材料,并向儿童剧的演员们讨教经验,从制作计划书开始,筹划皮影戏表演。

五、成长足迹

以情境为导向开展的活动相较于传统的活动来说更趋于多元,在过程中更具有灵活性。儿童在过程中各方面能力均有所提升,而教师的专业化水平也在活动中不断地更新与成长。

首先,儿童阅读能力有提升。儿童在整个过程中,不断阅读图画书,不断更新和丰富自己对故事情节和内容的了解。他们每一次都是有目的地阅读,一改以往漫不经心、三心二意的态度。同时,儿童对于书中多页、多幅画面也有自己的理解,并关注图画书中的微小细节。

其次,儿童综合能力有提升。在阅读图画书的过程中,儿童产生了自己的想法和见解,他们对书中的渡河比赛提出了自己的问题,并对某些动物参加比赛的方式提出质疑。可见儿童的质疑能力得到提升。在过程中能够清楚表达自己的想法和要求;在自主表现时,也能大方、自然地进行表演。过程中,他们还会互相分享各自的经验,如道具组和表演组的儿童,经常沟通关于道具制作的细节。儿童在解答问题时,更注重准确性和科学性。他们深刻感受到在书本中可以找到许多问题的答案。于是他们碰到问题就会反复阅读图画书,还会查阅其他相关书籍,以保证自己的解答是正确的。

再次,重视教师活动中角色的转换。在主题式阅读活动开展过程中,教师以观察者、支持者和推动者的角色身份参与,把更多的空间、时间和机会留给儿童。教师做的最多的事情是观察和解读儿童,适时地提供帮助,促进儿童进行自主分享、自主活动、自主调整等,确保儿童在活动中的主体地位。

最后,关注教师解读图画书的能力。以往对图画书的解读可能比较片面和肤浅。通过儿童的多次阅读以及他们感兴趣的、自发的活动,再回到图画书中,可以发现每一本图画书的核心内容是非常丰富的,可以涵盖各个领域的内容,教师对图画书的解读能力也不断提升。

杜威强调:"学生在思维之前,必须有一个大范围、广泛性的情境,在这个情境中,思维能够充分地从一点到另一点进行连续的活动。"反观学前教育,我们同样需要创设一个有利于儿童自主学习的活动情境,以趣引路、以情导航,充分唤醒儿童的潜在能力,激发他们的参与兴趣,使他们不由自主地入情入境,从而体验其中的无限快乐!

(上海市嘉定区实验幼儿园 张 丽 张 益)

案例 1-2 和萝丝一起去散步

基于儿童学习能力培养的目标,我们尝试在中班开展系列阅读活动,旨在融合培养儿童的阅读能力与学习主动性。以《母鸡萝丝去散步》的图画书阅读为例,引导儿童主动参与阅读活动的各个环节,鼓励儿童提出问题、发表看法,通过与同伴、教师的有效互动,建立对图画书的完整、全面的感受和认知,并通过多种方式进行表达表现,实现"要我学"到"我要学""我会学"的转变。

《幼儿园教育指导纲要》明确指出:"教师是儿童学习活动的支持者、合作者、引导者。教学过程不只是师生之间进行信息交流的过程,更应该是师生之间进行情感交流的过程。"因此,我们应为儿童创造一种民主、和谐、轻松、愉悦的阅读氛围。只有当儿童拥有属于自己的时间和空间时,才会主动、深度学习。

正值秋天,结合《在秋天里》的主题,我们以《母鸡萝丝去散步》的图画书阅读为例,开展故事导读、自主阅读、阅读分享会、亲子阅读、阅读辩论会等一系列阅读活动,并持续为儿童提供多种形式的支持,让儿童尽情地体验和探索,在自主的状态下主动建构知识与经验。

一、故事梗概

《母鸡萝丝去散步》是一本外国经典图画书,它的文字与画面形成一种非常有趣的对比:母鸡萝丝去散步时看似平淡无奇的故事,而图画却暗藏着狐狸追逐猎物却屡屡受挫的秘密。

二、活动过程

(一) 故事导读,激发兴趣

一个午后,我利用睡前故事的时间,带领儿童坐在秋日温暖的阳光下,给他们讲述了《母鸡萝丝去散步》的故事。在讲述的过程中,我慢慢地翻动书页,将画面中的文字读给儿童听。他们认真地观看画面,不时爆发出笑声,对此图画书的阅读兴趣被激发起来。

(二) 自主阅读,感知内容

故事讲完后,我在班级图书区投放了十五本《母鸡萝丝去散步》。每天的"阅读一刻"以及自由活动时间,儿童都会不约而同地选择这本图画书。通过观察,我也了解到他们不同的阅读行为。有的儿童喜欢独自阅读,仔细地观察故事画面并喃喃自语;有的儿童喜欢和朋友一起边翻边看,有说有笑;有的儿童照着书中的文字读;有的儿童根据故事画面,用自己的语言进行表达;还有的会根据画面、故事展开讨论……他们的阅读热情被点燃了。

(三)你问我答,自主探究

儿童很喜欢这本书,随着不断地阅读,不断地深入,他们也产生了一些问题。于是,我在语言区创设了一块版面——你问我答,鼓励他们将阅读过程中产生的问题画下来,或是尝试在书中寻找同伴问题的答案。在宽松自由的氛围下和你问我答的互动中,儿童的阅读热情有增无减。

正如教育家波利亚所说:"学习任何知识的途径,都是由自己去发现的,因为这种发现理解最深刻,也最容易掌握其中的内在规律、性质和联系。"因此,整个过程中,我给予儿童自主发现问题的机会,鼓励他们利用自己已有的知识和经验,结合图画书内容探求答案,以此激发他们的内在学习动力。

(四)阅读分享,各抒己见

渐渐地,当越来越多的儿童边读边笑,还聊个没完时,我决定举行一次阅读分享会(见表1-1),给他们搭建一个表达内心想法的平台,让他们一起来聊聊这本书。

表1-1 阅读分享会

教 师 提 问	孩 子 回 答
你看了《母鸡萝丝去散步》的故事有什么想法?	我觉得狐狸总是倒霉,有点搞笑。 我觉得母鸡很聪明。 我喜欢这个故事,因为狐狸撞到钉耙上,有点好笑。 为什么狐狸它总是这么倒霉? 因为它一直想吃母鸡,没看见前面有什么东西。 狐狸它总是看着母鸡,不看母鸡造的陷阱。要是看到母鸡造的陷阱,就能一下子跑过陷阱。

续　表

教 师 提 问	孩 子 回 答
在这个故事里面,你喜欢谁? 说说你的理由。	我喜欢母鸡。 我喜欢它后面的羽毛,因为它后面的羽毛很漂亮。 因为母鸡很聪明,狐狸都吃不到它。
这只狐狸身上有值得我们学习的地方吗?	我喜欢狐狸,因为它失败了,但总是不放弃。

这是儿童之间各抒己见、互相启发的过程。教师鼓励儿童多角度的思考问题,发展比较、联想等思维能力。

讨论会的最后,我还抛出了一个问题:"你们觉得这只母鸡知道狐狸一直跟在它的身后吗?"他们有的说知道,有的说不知道。

(五) 亲子阅读,助力成长

正值周五图书漂流时间,我决定让儿童把《母鸡萝丝去散步》的图画书带回家进行亲子阅读。在家中,他们带着问题"母鸡知道狐狸一直跟在它的身后吗?"与自己的爸爸妈妈进行了一场快乐阅读、精彩游戏的亲子伴读。

儿童带着自己的观点,仔细观察画面,寻找线索,从中归纳论据来支持自己的观点。在父母的陪伴下,儿童不仅体验着阅读的乐趣,更重要的是提高了收集信息、主动解决问题的能力,从而实现基于证据的表达。

(六) 阅读辩论,大胆思辨

周一,我们迎来了阅读辩论会,这是儿童第一次接触阅读辩论会的形式。在老师的组织下,他们调整座位,分为知道和不知道两派。辩论会开始了,儿童纷纷表达自己的观点,十分踊跃(见表 1-2)。

表 1－2　阅读辩论会

知　道	不　知　道
母鸡是知道的,不然怎么总是带着狐狸走很危险的地方。 它应该知道的,只是它想逗狐狸,假装不知道。 我觉得母鸡萝丝是知道的,因为它出门散步的时候看了一下(鸡舍),下面有狐狸。 母鸡是知道的,所以它故意给狐狸造了陷阱,让狐狸总是摔跤。	我觉得母鸡应该是不知道,因为我看了书,它一点动静也没有,只顾着往前走。 母鸡萝丝后面又没有眼睛,所以它不知道。 它不知道,因为狐狸鬼鬼祟祟的,一点声音都不发出来。 水没溅到它身上,母鸡没感觉,所以不知道。 我觉得母鸡萝丝不知道,虽然狐狸跳过去有一个影子,但是它(母鸡)觉得前面的风景美,没有看下面的影子,所以它不知道。

第一次的阅读辩论会,双方各执一词,听上去都有理有据。而我也没有扮演法官,只是一直引导儿童大胆表述自己的观点,并认真倾听别人的观点。

这一场无所谓胜负的辩论会不仅给他们营造了一个安全、各抒己见的宽广空间,更重要的是,它引发了他们对故事和画面细节持续、深入的解读和思考,迁移与整合了儿童的已有经验,促成了一波又一波的思维激荡,有效提高了其阅读、理解、表达等能力。

(七) 故事表演,快乐表达

在自主阅读、自由活动时,我观察到有的儿童有了表演故事的想法。他们会用动作模仿故事中的动物形象和情节。于是,我顺水推舟地引导他们来演一演。

在我的组织下,儿童展开了讨论。最后,他们决定分成道具组和表演组,分头进行表演的准备工作。

表演组的儿童通过自荐竞选的方式确定角色,并自发地开展排练工作。在排练的过程中,他们认真地对照故事画面,协调沟通出场的顺序和动作表现。回到家中,他们还会主动寻求爸爸妈妈的帮助,寻找现成的符合角色身份的衣物、饰品等。道具组的儿童在美工区活动时,在老师的帮助下,运用画画、剪剪、贴贴的方式,制作了相关的故事场景、表演道具、动物头饰。

一切准备就绪后,通过讨论,我们决定首先邀请隔壁的中一班来观赏表演。表演当天，根据约定的时间，儿童催促我早早地带他们来到图书馆进行准备。他们布置场景，戴上头饰，穿上表演服，等待小观众们的到来。表演过程中，小演员们无比投入，大家根据旁白的提示有序地出场表演。当演出结束，中一班的小观众们热情地鼓掌，所有儿童的脸上洋溢着幸福的笑容。这一刻，他们收获的不仅是阅读带来的快乐，更是体验到主动探索与合作的成功。

演出大获成功，兴奋无比的儿童觉得光演给一个班级看还不够。于是，在我的支持和帮助下，他们邀请了六个小班的弟弟妹妹观看表演，演出的场地也由图书馆升级到了欢乐剧场。面对台下坐得满满当当的小观众们，他们更加卖力地表演。

（八）建构活动，创造表达

在自主阅读的过程中，儿童提出用积木搭一只蝴蝶与农场里的房子。于是，我在建构区提供了一本《母鸡萝丝去散步》的图画书，鼓励他们观察书中画面，运用多种积木，尝试表现故事中的农场景物及各种小动物形象。

授人以鱼，不如授人以渔。儿童学习的过程也是在教师的帮助下解决问题的过程，本次活动给了儿童充分的自由时间进行多元表达，当然过程中也离不开教师适时的引导和恰当的支持。

三、我们的收获

图画书的阅读绝不仅仅是一次集体教学活动，而是一场立体阅读之旅。通过读、想、玩、做、演等多元的方式，让儿童浸润在故事中。通过一个个活动的支持，不断激发他们的阅读兴趣，培养他们良好的阅读习惯和学习习惯，也带给他们满满的收获。首先，是质疑、思辨能力的发展。儿童通过你问我答、阅读讨论会的形式进行质疑，提出问题，寻找答案。在阅读辩论会中，尝试根据问题建立观点，通过阅读、经验迁移，产生基于证据的表达来论证观点，儿童的质疑、思辨能力得到了一定的发展。其次，同伴合作意识初养成。在这一系列的活动中，故事表演、道具制作等都离不开同伴之间的合作。中班的儿童能够尝试通过自己的力量去完成竞选角色、分配制作任务、进行排练等一系列工作,在这个过程中儿童相互协调的能力得到了提升,也感受到了同伴合作所带来的高效。

（上海市嘉定区实验幼儿园　陶春燕）

案例　1-3　彩虹色的花

作为区"慧雅阅读"项目实验基地以及牵头单位,结合区级重点课题《基于幼儿核心素养培育的幼儿园"慧阅读"活动实践研究》,我园以儿童核心素养为基点,开展多角度、有创意的阅读活动。在这样的背景之下,我们不断地在设计、实施、反思,不断地探寻着。以下,我们将结合大班系列阅读活动《彩虹色的花》总结实践中的经验。

一、活动来源

活动有三个来源:

一是基于主题经验。 目前正在开展《春夏和秋冬》的主题活动,基于本主题活动的内容与要求中提到的"有兴趣观察风、雨、云、雷等自然现象,注意它们的不同变化;感受天气的变化,了解天气与人们生活的关系"。图画书《彩虹色的花》中描述了彩虹花从盛开、用花瓣帮助小动物,直至最后在雪天枯萎的故事。在故事情节中包含风、雨、云、彩虹等自然现象,是当前主题内容与要求的充分体现。

二是基于图画书的核心价值。《彩虹色的花》是一本风格极其独特的作品。厚重的纹理、大块的色彩,都给这本书带来一种原始粗犷的美,但它叙述的却是一个极其温柔细腻的故事：一朵彩虹色的花,将自己的花瓣都用来帮助有困难的小动物了,最后自己却被覆盖在白雪下面,可是它的希望和梦想还在继续,当春天来到时,新的花朵又在阳光下绽放开来……儿童的心绪随着故事情节的发展从快乐变为悲伤,最后是惊喜。孩子能体会到帮助别人是快乐的,当彩虹色的花枯萎时是悲伤的,再到彩虹色的花重获新生时的惊喜。图画书核心价值在于让儿童感受彩虹色的花关心他人、乐于分享的品质。

三是基于儿童的兴趣和年龄特点。图画书《彩虹色的花》讲述的是一朵彩虹花与小动物们的故事,可爱的小动物形象是孩子们所喜爱的、乐于接受的。图画书画面色彩鲜艳动人,给人一种温暖的视觉体验。故事情节简单有趣味,且贴近儿童的生活经验,能引起他们的情感共鸣。同时,我们也开始观察儿童行为,发现他们对于图书区投放的《彩虹色的花》这本书很感兴趣。具体行为有(见表1-3):

表 1-3　儿童具体行为表

学 习 态 度	具 体 行 为
学习兴趣	自由活动中选择这本书
	反复翻阅图画书
	前后翻页
	边看边聊
动 机	主动找老师要求讲图画书
	看书时会随着故事情节有情绪变化(如彩虹花凋谢时的伤心、彩虹花又长出来的惊喜)
	模仿图画书中的小动物和彩虹花

二、活动目标

理解彩虹色的花将自己的花瓣用来帮助有困难的小动物的故事情节,尝试用多种方式表达表现、合作表演。

感受彩虹色的花关心他人、乐于分享的品质。

三、活动过程

(一) 图画书阅读

1. 集体阅读

我在"阅读一刻"中向儿童进行好书推荐,讲述了《彩虹色的花》这个故事,儿童在聆听故事的过程中,非常专注,完全被故事情节所吸引。

2. 自主阅读

故事讲完后,我在班级图书区投放了十五本《彩虹色的花》。每天的"阅读一刻"以及自由活动时间,儿童都会不约而同地选择这本图画书。通过观察,我也了解到他们不同的阅读行为。有的喜欢独自阅读,仔细地观察故事画面并喃喃自语;有的喜欢和朋友一起边翻边看,有说有笑;有的会照着书中的文字阅读;有的根据故事画面,用自己的语言进行表达;还有的会根据画面、故事展开讨论……在这个过程中我给予儿童充分的时间,让他们通过反复阅读,不断熟悉故事,加深理解。

3. 你问我答

随着不断地阅读,深入地理解,他们也产生了一些关于这本书的问题。于是,我在语言区创设了一块版面——你问我答,鼓励儿童将阅读过程中产生的问题画下来,或是尝试在书中寻找同伴问题的答案。在宽松自由的氛围下和你问我答的互动中,他们关于这个故事的一些零碎问题得到了解决。

4. 阅读讨论会

大约过了一周的时间,儿童在自主阅读过程中与同伴的互动越来越热烈,于是我利用一次"阅读一刻"时间将孩子们聚在一起,与他们讨论和分享(见表1-4)。

表 1－4　阅读讨论会实录

问　　题	回　　应
下雪了刺猬怎么还跑出来？	刺猬要冬眠的，下雪天太冷了不该出来。 因为刺猬要来看雪地里彩虹色的花。 因为刺猬的心里很温暖，所以不怕冷了。 小动物们都被彩虹色的花感动了，所以小刺猬要来谢谢彩虹色的花。
雪花怎么一会儿是白色的，一会儿是彩色的？	雪花就是白色的。 因为彩虹的彩色光芒把雪花照成了彩色。
晚上怎么会有彩虹？	因为这是故事里的彩虹，跟平时见到的不一样。 这个彩虹其实是彩虹色的花变成的。 彩虹色的花觉得小动物们会害怕，所以要在下雪的晚上变成彩虹。
彩虹色的花会把最后一片花瓣送给谁？	送给小兔子当围巾保暖。 送给蚯蚓盖在身上，就不怕被人踩扁了。 送给孔雀，因为孔雀粗心，掉了一根羽毛。 送给蜗牛当飞毯，这样蜗牛就不会慢吞吞，还能飞上天！
如果彩虹色的花不肯帮忙，小动物怎么办？	蜥蜴可以去捡小鸟掉下来的漂亮羽毛做成领结参加宴会。 小鸟可以用落叶做一幅树叶贴画送给她的女儿。 我们把蚂蚁放在落叶上，再放在水里，蚂蚁就能过去了。 我可以把自己的玩具送给鸟妈妈，让鸟妈妈送给她的女儿。

（二）小优阅读乐园

1. 巧手捏和画

儿童喜欢故事中的角色形象——彩虹色的花、太阳、蚂蚁、蜥蜴、小鸟等，他们自主地利用个别化学习活动和创意室活动的机会，用绘画、泥工等方式展现小动物和彩虹花等形象。当创意表达发生困难时，主动地翻开图画书，对照着书中的图片，认真地观察。

2. 我是小演员

儿童在阅读的过程中学说故事中的对话，学做故事中小动物们的动作和神态。于是他们自发地在小舞台表演起了这个故事，翻开图画书，一起细数故事中的角色，慢慢地同伴间经历了竞选、分配角色，再一次次地认真进行排练工作，这群小演员越演越起劲（见图 1－2）。

图 1 - 2 "彩虹色的花"表演

3. 我是道具师

小演员们经过几次排练后,我利用个别化学习活动的交流分享时间把他们聚在一起,邀请大家看看小演员们的表演。大家觉得光靠人演还不行,肯定需要一些道具才能达到更好的表演效果。于是,儿童商量需要哪些道具,大家再次翻开图画书,选定需要的道具,并计划分小组完成道具的制作。有的画头饰,有的刷颜料,有的装饰翅膀……大家都想做出漂亮好用的道具。

4. 我是小作家

很多儿童开始在个别化活动时自制有关《彩虹色的花》的小书。有的续编彩虹色的花还会帮助哪些小动物;有的则完全颠覆了图画书原有的情节,从全新的角度创编了精彩有趣的新故事,如:小孔雀看到一个不会开花的花骨朵,她把蓝色的羽毛送给她,于是便有了一片蓝色的花瓣……他们的奇思妙想就呈现在一本本自制的小书里。

四、反思与收获

儿童通过自主阅读、讨论会等形式的活动,关注画面细节,寻找故事线索,理解故事情节,感受故事主人公"彩虹色的花"乐于帮助小动物的高尚情操,在这个过程中尝试进行故事人物评价,尝试辩证地看待人、事、物。总之,他们的阅读理解、画面解读能力得到很大的提升。

在活动中,教师不断地支持,鼓励儿童进行多种形式的表达表现,如讨论会、美工创意、故事表演等。通过这些活动,他们的绘画、表演、语言等表达表现的能力得到了大大的提升。

同时,教师支持下的自主探索和发现,即在这样围绕一本图画书开展的主题式阅读活动的实施过程中,教师充分理解和尊重儿童的兴趣,更多地给予自由、权利和机会,充分用眼、手、脑去发现、去创造,儿童真正地成为学习的主人。教师在过程中不断关注儿童的兴趣和需求,为他们提供所需的材料和帮助。教师的身份也不再是儿童活动开展的领导者,而是儿童活动开展的支持者。儿童的世界是他们自己去探索和发现的,自己探求来的知识经验,才是真的知识经验,自己发现的世界才是真世界。

（上海市嘉定区实验幼儿园　陶春燕　陈　芬）

第二章

"慧阅读"课程的整体架构

基于儿童哲学制定科学的"慧阅读"课程目标,依托"让每一个孩子喜阅童心世界"之理念,遵循适宜的原则,建立合理的课程架构。在实践中,教师不断创新探索,优化课程实施路径,总结活动策略,积累了一系列精品课程活动案例,提升了课程品质,促进了儿童发展。

《国家中长期教育改革和发展规划纲要(2010—2020 年)》指出:当前教育改革发展的重点是要面向全体学生,促进学生的全面发展,着力提高学生服务国家和人民的社会责任感、勇于探索的创新精神和善于解决问题的实践能力。为贯彻执行该文件精神,我园逐渐形成了"慧阅读"课程目标体系,将其作为构建课程结构、制定课程标准、选择课程内容、编写教材等工作的依据,并以此来确定课程整体框架和实施路径。

第一节 "慧阅读"课程的目标体系

"慧阅读"课程的目标体系制定从三个方面来考虑：一是国家教育目标和培养目标；二是儿童身心发展的特点和需求；三是儿童哲学学科的性质。同时结合三个维度，即知识目标、能力目标、情感态度价值观目标来构建儿童哲学理论背景下的"慧阅读"课程目标体系。

根据幼儿园课程价值取向中的普遍性原则，经过反复实践与思考，将"慧阅读"课程内容整合为共同生活、探索世界和表达表现三个领域，从"阅读自己""阅读自然""阅读社会"三个方面制定了"慧阅读"课程总目标：培育"爱阅读、善表达；喜探究、乐运动；会交往、有自信"的智慧儿童。

儿童哲学的培养目标主要体现在培养儿童的批判性思维、协同性思维、创造思考力与关怀思考力四个方面（见图2-1）。"慧阅读"课程的核心是培养儿童的逻辑思维能力，体现在探索世界和表达表现两个方面。所以两者在培养目标上有很多相通之处，即致力于促进儿童探索、思考世界，从共同的交流与对话中获取超出自身经验之外的认识，并进行辩证的思考、追问和澄清，从而发展思辨性思维。

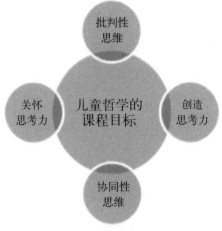

图2-1 儿童哲学的课程目标图

结合布鲁姆目标分类法的要求,将儿童哲学的学科性质和"慧阅读"课程各年龄段具体目标有机融合,制定了"慧阅读"课程的目标体系(见图2-2)。

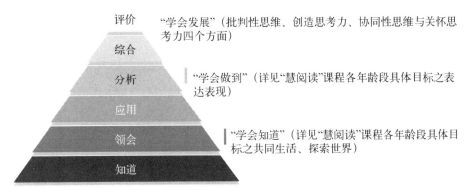

评价　"学会发展"(批判性思维、创造思考力、协同性思维与关怀思考力四个方面)

综合

分析　"学会做到"(详见"慧阅读"课程各年龄段具体目标之表达表现)

应用

领会　"学会知道"(详见"慧阅读"课程各年龄段具体目标之共同生活、探索世界)

知道

图2-2 "慧阅读"课程的目标体系

从"阅读自己""阅读自然""阅读社会"三方面出发,确立"慧阅读"课程各年龄的具体目标(见表2-1)。

表2-1 "慧阅读"课程各年龄段具体目标表

		阅读自己		阅读自然		阅读社会
		接纳自己		爱护生命		合群达礼
共同生活	小班	关注自己,我愿做	小班	热爱生物,喜照料	小班	喜欢朋友,真快乐
	中班	认识自己,我能行	中班	爱护生命,能养殖	中班	关注朋友,懂礼貌
	大班	欣赏自己,我真棒	大班	爱护地球,环保行	大班	合作分享,有规则
		保护自己		探索求知		文明社交
探索世界	小班	了解危险,会躲避	小班	喜爱自然,爱提问	小班	适应生活,爱集体
	中班	识别危险,能求助	中班	接触自然,爱观察	中班	发现周边,爱家乡
	大班	遵守规则,护自己	大班	探求自然,会分析	大班	实践参与,爱祖国
		大胆创想		善于发现		个性表达
表达表现	小班	自由想象,愿表现	小班	亲近自然,愿表达	小班	愿意开口,爱交流
	中班	分享妙想,试创想	中班	欣赏自然,爱分享	中班	仔细倾听,乐分享
	大班	多元创想,勇创造	大班	融入自然,勇表现	大班	提出疑问,善表达

第二节 "慧阅读"课程的立体结构

阅读能力和探究能力对儿童的未来发展至关重要。在传统的教育模式中,教师设计的各种活动通常都具有一定的指向性,儿童只能在教师的引导下按部就班地开展活动。但在"慧阅读"课程中,教师时刻牢记"以儿童为本"的教育理念,建立合理的内容框架,遵循适宜的实施原则,有效实施"慧阅读"课程。

一、"慧阅读"课程的内容框架

结合园级大小教研、区级培训等,遵循"基于儿童立场"的构建原则,以《3—6岁儿童学习与发展指南》《幼儿园教育指导纲要》为构建依据,逐渐梳理形成"慧阅读"课程的内容框架:将幼儿园共同性课程和选择性课程有机融合(见图2-3)。在共同性课

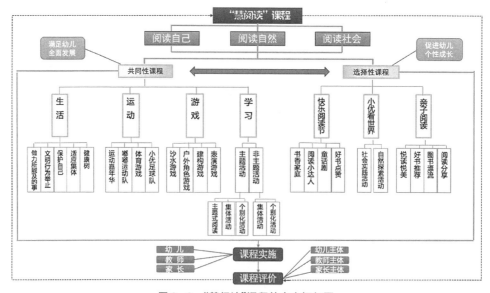

图2-3 "慧阅读"课程的内容框架图

程中,结合长期积累下来的精品课程内容,加入现有的优质教育资源,丰富生活、运动、游戏、学习四大板块的内容,将"慧阅读"课程渗透进一日生活的各个环节,凸显共同性课程的园本化。在选择性课程中,创新实践"慧阅读"课程,以多元、立体的形式在园内全面展开,将类别丰富的活动在家庭中进行渗透,从而激发儿童的学习兴趣,提升儿童的学习能力。

二、"慧阅读"课程的设计思路

"慧阅读"课程在设计过程中遵循三个原则:一是开放性原则,教学空间是开放式的,其内容并不局限于某一种或某几种活动。儿童在丰富、立体的活动中,通过不同的表达表现方式来真正实现综合且健康的发展,从而实现相应核心素养的发展。二是体验性原则,重视儿童在基于图画书的体验性活动中,倾听同伴的观点,在体验与感悟中产生真实的想法与观点。三是启智性原则,鼓励儿童提问、追问、思辨和表达不同的观点,尝试运用各种方法解决问题,激发儿童多维度思考问题和解决问题的能力。

总之,"慧阅读"课程应遵守以上三个原则设计课程框架和内容,让儿童在开放的教学空间里,真实体验,启迪智慧。

第三节 "慧阅读"课程的实施路径

开展"慧阅读"课程,要先明确活动的目标与定位、幼儿的发展与需求、实践手段与形式因素,以此来确定活动实施路径,并通过监测活动内容的实际变化,不断更新活动的支持策略和手段。

一、创设快乐阅读的环境

儿童的问题是最生动、最童趣的,它们闪耀着精神与哲学的光芒。然而,幼儿园结构化的环境导致儿童思维、行动受限,其天生拥有的好奇心、求知欲望与探究精神也在这样的环境中逐渐消失。

如何让幼儿园环境变得生动灵气?如何让幼儿在环境的隐性教育中迸发出更多探索世界的兴趣?从上述两个问题出发,我们依托区级重点课题进行了一系列实证研究:选取幼儿园小、中、大各一个班级,进行一阶段环境资源使用情况的观察(见表2-2)。

表2-2 幼儿园环境资源使用情况表

活动 \ 地点		种植园	创意室	探索室	户外游戏区	图书馆	小剧场	建构室	跑道	室内游戏区	小果园	健康园
小班	《七彩下雨天》		√		√							
	《移动的积木》				√	√		√		√		
	《换一换》			√		√	√				√	
	《爱吃水果的牛》	√				√				√		√
	《小金鱼逃走了》				√					√		
	《变色龙》		√	√	√	√	√					

续　表

活动	地点	种植园	创意室	探索室	户外游戏区	图书馆	小剧场	建构室	跑道	室内游戏区	小果园	健康园
中班	《影子是我的好朋友》			✓	✓	✓						
	《冬天里的弗洛格》		✓			✓	✓					✓
	《花格子大象艾玛》		✓			✓						
	《金色的房子》		✓			✓	✓	✓				
	《过年啦》		✓			✓						✓
	《和甘伯伯去游河》			✓	✓	✓				✓		
大班	《100 层的房子》		✓			✓						
	《上面和下面》	✓				✓						✓
	《三只小猪》					✓		✓				
	《生蛋快乐》	✓	✓	✓		✓						
	《彩虹色的花》		✓		✓	✓						
	《老鼠娶新娘》		✓		✓	✓	✓					

我们通过观察、交流、互动,产生了优化课程的依据和原动力,精选了五十本儿童喜欢的图画书,建构了"小优阅读八乐园",为儿童未来学习素养的形成培育了科学的课程土壤。

基于儿童立场,我们发起了"我的地盘我做主"活动,向儿童征集活动场地的名字和设计图纸,并举行了公开的投票活动,产生了属于儿童自己的"小优阅读八乐园",即"童书馆"中感受书海奇妙,"游乐园"中体验游戏乐趣,"探秘园"中探究人文世界,"小剧场"中满足个性表达,"自然园"中揭秘万物生长,"健康园"中养成文明习惯,"建构园"中发展创新思维,"创意园"中萌发审美情趣。儿童在充分阅读、理解图画书的基础上,通过体验"小优阅读八乐园"中多元、丰富的系列活动,进一步满足好奇心,激发学习主动性,推动自主探索、合作交流、解决问题、个性化表达表现等多元能力的发展,从而凸显"多元整合、自主开放、快乐有趣"的课程理念。

二、推进主题式阅读活动

图画书是每一个儿童成长过程中必备的精神食粮。经过长期实践,我们以图画书阅读为基础,以儿童的兴趣和问题为出发点,将之融入图画书故事情境中,并结合"小优阅读八乐园"的活动场地开展主题式阅读活动,以此形成有效开展"慧阅读"课程的实施路径(见图2-4)。

以儿童哲学理论为抓手,在开发与实践主题式阅读活动的过程中,让儿童逐步形成对自己、自然及社会的客观认识,实现哲学思考的目标,促进哲学思辨和健康价值观的树立,培养善于思考和自由探索的精神。

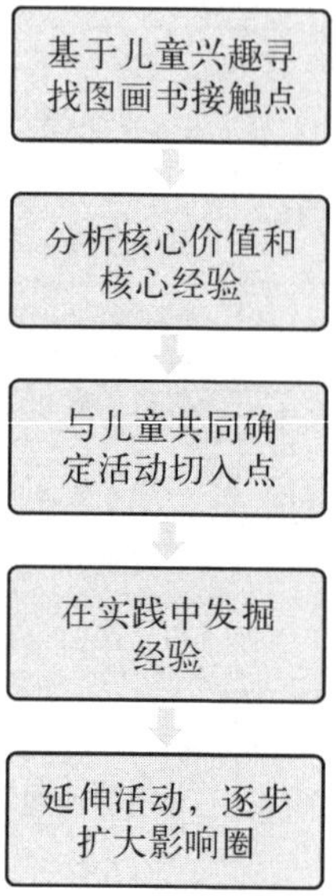

基于儿童兴趣寻找图画书接触点

↓

分析核心价值和核心经验

↓

与儿童共同确定活动切入点

↓

在实践中发掘经验

↓

延伸活动,逐步扩大影响圈

图2-4 "慧阅读"课程实施路径图

三、开展阅读讨论会

基于儿童哲学的理念,在儿童阅读、理解故事的基础上,开展阅读讨论会,让儿童在生生互动、师生互动中逐步掌握多角度思考的方法,尝试对问题获取不同见解,培养儿童的语言表达能力和逻辑思辨能力。

根据儿童的不同需求和个体差异,"阅读讨论会"的组织形式也有所不同;根据儿童的年龄特点和能力水平,"阅读讨论会"在不同的年龄段的侧重点也不一样(见表2-3、表2-4)。

表2-3 各年龄段阅读讨论会的组织形式表

年龄段	组织形式	侧 重 点
小 班	阅读分享会	说一说、找一找、玩一玩,分享自己看到的趣事。
中班、大班	阅读讨论会 阅读辩论会	注重对画面和故事内容的理解展开讨论,并逐渐尝试由讨论转变为辩论。能用故事中的证据来表明自己的观点,尝试说服同伴,培养思辨能力。

表 2 - 4 幼儿园"阅读讨论会"图画书资源表

年 龄 段	图 画 书
中 班	《米歇尔,一只倒霉的羊》 《上面和下面》 《小猪变形计》 《不要再笑了,裘球》 《搬家》
大 班	《田鼠太太的项链》 《母鸡萝丝去散步》 《小房子》 《消防车吉普达》 《大树上的朋友》 《长大这件事》 《彩虹色的花》 《99 厘米高的彼得》

案例 2-1 田鼠太太的项链

一、活动的由来——源于儿童的兴趣

结合《动物大世界》的主题活动,在图书区投放了《田鼠太太的项链》这本书。在自由活动、"阅读一刻"、个别化学习活动时,从儿童边看边聊、主动要求老师反复讲这个故事等行为中,识别到儿童对这本图画书产生了强烈的学习兴趣和动机。同时,他们产生了一些问题:田鼠生活在哪里?田鼠太太为什么要捡掉在地上的项链?田鼠太太为什么要用食物去换项链?田鼠太太为什么不用一百块钱去换漂亮的东西,要用粮食去换呢⋯⋯

梳理了儿童的问题后,发现儿童对于"田鼠太太用食物去换漂亮的东西究竟值不值得"这个问题具有极大的兴趣,可以通过阅读讨论会来进一步帮助儿童理解。

二、目标的确立——"三个结合"

一是结合儿童的发展目标。《3—6岁儿童学习与发展指南》语言领域中明确指出"5—6岁的儿童愿意与他人讨论问题,敢在众人面前说话""对看过的图书、听过的故事能说出自己的看法"。结合儿童的发展目标,使活动的目标定位更加明确。

二是结合当前的主题活动。大班正在进行的主题活动《动物大世界》中有两条核心经验:第一,了解常见动物不同的特点及其与周围环境的关系,有进一步探索动物生活习性的愿望。第二,知道动物是人类的朋友,我们应该保护他们。而揣摩《田鼠太太的项链》的故事内容和图画书核心经验,正好与上述目标和要求相匹配。

三是结合图画书的核心价值。《田鼠太太的项链》的核心价值包括田鼠冬天存储粮食的生活习性;对漂亮和生命的价值判断;对实事求是的理解;对选择合理性的辩证思考等。

根据以上分析,我们确立了阅读讨论会的目标:一是,儿童在参与阅读讨论会的过程中,大胆表达自己的观点,有思考和初步的辩论能力。二是,儿童理解故事内容,愿意与同伴围绕问题讨论,能用较完整的语言表达自己的想法。

其中,目标一指向儿童思维的发展。引导儿童围绕话题,说出自己的理由,挑战儿童的发散性思维、逆向思维、批判性思维等,提高思维品质;目标二指向儿童语言能力的发展。通过开放性问题的提出,鼓励儿童用较完整的语言表达自己的想法。

三、活动的过程

分为两个阶段:第一阶段"经验准备",第二阶段"阅读讨论会"。

第一阶段,经验准备。主要是通过多元的阅读形式帮助儿童理解故事内容,为阅读讨论提供依据。首先,教师声情并茂地讲述故事,与儿童分享精彩的故事与思想,引发儿童阅读故事和深入思考故事的乐趣。其次,利用"阅读一刻"的时间,引导儿童进行了自主阅读。在这个过程中大家提出了三个问题:一是田鼠冬天冬眠吗?二是田鼠太太为什么要捡起不属于自己的东西呢?三是田鼠太太为什么用食物去换项链后,还要用更多的食物去换其他漂亮的东西?最后,开展亲子阅读,请儿童将书本带回家,和爸爸妈妈一起进行亲子阅读,通过查阅资料、交流讨论等方式解决问题,如田鼠的生活习性,等价交换、以物换物的含义等。

第二阶段,阅读讨论会。需要教师穿针引线,有效组织和引导儿童开展讨论,活动的基本框架如下:

活动中,教师要灵活运用多种支持策略帮助儿童开展多角度思考,使其思维水平在活动中得到持续提升(见表2-5)。

表2-5 《田鼠太太的项链》中各环节的关键提问表

活动环节	操 作 要 点	关 键 提 问
回忆故事	通过回忆唤起儿童对故事的已有记忆。	故事里有谁? 他们之间发生了什么事情?
提出问题	通过开放性的提问调取儿童关于前期阅读过程中的碎片化信息,从中提取有用信息。	关于故事的提问:你喜欢这个故事吗?为什么?说说你的理由。关于这个故事你有什么想法(问题)? 关于故事人物的提问:你喜欢的人物是谁?说说你的理由。 关于事件的提问:这个故事中你觉得最有趣的是什么?故事里的什么事情让你难忘?

续　表

活动环节	操作要点	关　键　提　问
展开讨论	将捕捉到的可以深入讨论的观点和问题形成讨论话题,引导儿童围绕话题展开讨论。	有利于体现儿童多元思考的话题:《田鼠太太的项链》生命和漂亮哪个更重要?《大树上的朋友》如果你也在船上,你会救狐狸吗?《小猪变形计》如果你是小猪,你会选择变形吗?

如《田鼠太太的项链》中的两个关键性的提问(见表2-6)。

表 2-6　关于提问"故事中,还有什么不明白的地方吗?"的师幼互动记录表

问　　题	回　　答
田鼠太太为什么要捡起地上的项链呢?	田鼠太太觉得项链闪闪发光,太漂亮了。
	田鼠太太觉得掉在地上的东西就是没有人要的,就捡起来了。
	田鼠太太不应该捡起地上的项链,应该把它交给警察叔叔。
	田鼠太太应该把捡到的东西还给它的主人。
	田鼠太太就是忍不住要这些漂亮的东西,衣服、裙子也是一样的道理。
田鼠太太为什么不用一百块钱去换漂亮的东西,要用粮食去换呢?	田鼠太太家里肯定没有钱。
	在童话世界里是没有人民币的。
	田鼠太太没有想到自己的宝宝,就为了自己漂亮。
	田鼠太太家里的粮食其实很多的,所以它觉得粮食吃不完,后来越换越多就没有了。
	可能一百块钱买不了这么多漂亮的东西,只能用粮食换。
田鼠冬天冬眠吗?	田鼠和老鼠一样,都是冬天不会出来活动的。
	田鼠和老鼠不一样,虽然不出来活动,但是是不冬眠的。
	田鼠是不冬眠的,但是冬天找不到粮食,他们才要储存粮食,田鼠宝宝才不会饿死。
	我们回去叫爸爸妈妈上网再查一下就知道了。

借助这个开放性的问题,儿童通过生生互动,同伴之间相互解答问题打开了思路,也愿意大胆表达(见表2-7)。

表2－7　关于提问"漂亮和生命哪个更重要?"的师幼互动记录表

生 命 重 要	漂 亮 重 要
生命是独一无二的,其他东西在生命面前都是微不足道的。	漂亮就会有更多的人喜欢你。
生命都没有了,要漂亮还有什么用呢?	漂亮就是美丽高贵,这样和项链更配。
生命只有一次,你是爸爸妈妈的宝贝,爸爸妈妈都很爱你,不可以没有生命。	很多外国的东西很漂亮,很多人买,所以很贵。
田鼠太太只想到了自己要漂亮,都不关心自己的宝宝,冬天没有粮食吃,会没命的。	在舞台上漂亮很重要,就像模特一样。
生命就是一家人储存足够的粮食,可以快快乐乐、健健康康在一起。	
生命是很重要的,只有一次,没有了就不会回来了,漂亮的东西有很多,不是自己的就不应该要。	
漂亮了,你就饿肚子了。	

可见,这个问题不仅帮助儿童形成了自己的观点,并用自己比较完整的语言进行表述,还能引发儿童多角度思维,推动儿童深入思考。

阅读讨论会不仅给了儿童一个充分表达自己观点和对世界认知的平台,对于老师们来说,也给了自己一个"站在儿童的角度,蹲下身子,用心倾听,认真观察儿童正在经历的生活,尝试和儿童对话"的机会(见图2－5)。你会发现,每个儿童都对他自己周围的世界不知疲倦地进行探索、思考,从而形成对世界独特的理解。

图2－5　讨论会

第四节 "慧阅读"课程的支持策略

学前儿童正处于思想塑造、喜欢表达、乐意探究的萌芽阶段,为保证主题式阅读活动对儿童核心素养的培养,教师的有效支持是不容忽视的。基于儿童立场,教师要遵循儿童的发展水平与兴趣需求来确定支持策略,促进儿童的多元化发展。我们经过梳理和总结开展主题式阅读活动中的优质经验,归纳出"慧阅读"课程的三阶段十四种方法(见表2-8)。

表2-8 "慧阅读"课程的支持策略表

阶段	实施方式	活动形式	具 体 说 明
课程准备	理论学习	学习相关文件	组织老师前期学习相关文件,其中包括学习习近平主席在全国教育大会上的重要讲话、《3—6岁儿童学习与发展指南》、《上海市学前教育课程指南》等。
		学习理论知识	实施前组织教师学习与课程相关的理论知识,如早期阅读及儿童哲学理论知识等。
	发现兴趣热点	谈话	通过集体谈话了解儿童近期的阅读兴趣点和热点问题。 通过小组谈话发现可推动的活动主题。 通过个体谈话发现个别儿童的阅读关注点,总结梳理出班级个别儿童的兴趣点和问题,找到共同点,开展活动。
		观察聆听	通过细心观察儿童一日活动中的阅读行为,发现其兴趣点。 在主动交流和耐心倾听儿童的话题内容后,了解儿童当下关注的热点问题。
	建构总体框架	建构大框架	设计先行模式,教师根据儿童兴趣,与核心经验相结合,使用思维导图等方式建构"慧阅读"课程框架,预设活动内容。
		精细小框架	调整预设模式,教师根据儿童兴趣的转换和经验的生成,丰富和精细总体框架。
	挖掘周边资源	开发幼儿园资源	挖掘幼儿园一切可利用的资源进行活动,包括室内和户外场所。 创设"小优阅读八乐园"实现教育目的,即"童书馆"中感受书海奇妙;"游乐园"中体验游戏乐趣;"探秘园"中探究人文世界;"小剧场"中满足个性表达;"自然园"中揭秘万物生长;"健康园"中养成文明习惯;"建构园"中发展创新思维;"创意园"中萌发审美情趣。

阶段	实施方式	活动形式	具 体 说 明
课程准备	挖掘周边资源	发掘家庭资源	利用家长本身资源,寻找特殊职业,如警察、消防员、司机、设计师等,为主题式阅读活动提供资源。 发动家长来一起搜索周边资源。
		利用社区资源	充分挖掘搜索菊园、徐行地区可利用资源,如徐行草编、菊园百果园等。
课程实施	创设教育环境	创设主题大环境	通过幼儿园的环境实现教育目的。 通过班级环境实现教育价值。
		共建互动小环境	通过"问题板、科学板、信息板、图文板、故事板"这五板一墙收集儿童的问题与兴趣。 通过班级的各种墙面记录隐含教育意义的内容。
	科学调整课程	自上而下	顶层设计:课题组成员定期调研活动实施情况,对各类活动进行审视、思考,实现动态的调整。 创新设计:教师个人或以年级组为单位更新理念,根据课程内容进行优化与创造。
		自下而上	基于儿童需求:教师根据儿童在课程活动中的兴趣点、问题等情况,及时调整课程设置或生成新课程内容。 基于儿童发展:根据不同年龄段儿童的发展目标,对缺失、不足的课程内容及时调整。
	提供思维工具	引入图画符号	记录图画符号:引导儿童用简洁的图画符号进行记录。 完整表述图画符号的含义:鼓励儿童大胆表述自己记录的内容,并尝试观察同伴的图画符号,用语言表述图画符号表达的含义。
		引入思维工具	思维导图:引导儿童用思维导图,将自己的思考过程描述出来,让儿童隐性的思维过程图像化。 调查表:引导儿童使用调查表,尝试用科学的方法收集信息。
	高低结构结合	高结构活动	通过集体活动组织全体儿童进行高结构活动,如组织儿童针对共性问题开展阅读讨论会。 根据儿童的兴趣和需求,通过小组活动进行针对性的活动。
		低结构活动	通过个性化活动满足儿童的兴趣和需求。
		高低结构相转换	高结构活动向低结构活动延伸:在教师组织的高结构活动中,儿童产生的新的、个性化的需求,老师根据这些需求设计相应的低结构活动,以满足儿童的个性化需求。 低结构活动向高结构活动转化:在教师设计的低结构活动中,教师捕捉到儿童比较共性的需求,将其设计成高结构活动,用高结构活动的形式满足共性需求。

续 表

阶段	实施方式	活动形式	具 体 说 明
课程实施	预设生成结合	教师预设	教师预先设计各种活动。
		儿童生成	儿童生成新的活动需求。
		预设与生成相融合	教师根据儿童在活动中产生的新需求，调整原先的预设，设计开展新的活动，满足儿童的新需求。
	满足亲身体验	进入真实情境	通过幼儿园内户外探索活动引发儿童的好奇心和探索的欲望。通过幼儿园外场馆参观活动满足真实的体验。
		多元体验	通过游戏体验获得不同的经验感受。通过扮演故事角色，深入体会故事中不同角色的情绪变化等。
	亲子共同参与	亲子体验	通过亲子参观满足儿童不同的需求。通过亲子实验满足个性化的需求。
		亲子阅读	通过亲子阅读的形式开展图画书推荐、图书漂流、流动书屋等活动。通过亲子阅读指导促进儿童从不同的角度进行个性化的体验和总结。
	多元图画书支持	提供阅读资源	通过组织儿童在幼儿园图书馆、班级图书区、走廊阅读角中找寻需要的图书，对阅读活动中的问题或发现进行资料收集、调查求证，以丰富经验或拓展兴趣。
		图书分享	通过号召让儿童将家中的相关图书带到幼儿园进行交换和分享。
课程评价	成果展示	动态展示	通过歌舞、故事表演等形式展现活动中的收获以及积累的经验。通过分享讨论让师生围绕学习内容分享各自收获，进一步展示学习成果。
		静态展示	通过作品(艺术作品、自制图书等)呈现学习结果。通过问题墙呈现儿童与同伴、教师进行互动的情况。
	激发互动评价	教师正面评价	针对集体：教师针对儿童成果展示过程中整体情况进行正面的评价。针对小组：教师针对儿童成果展示中小组合作方面进行正面的评价。针对个体：教师针对儿童成果展示中儿童个体发展进行正面的评价。
		同班互动评价	针对优势：鼓励同班儿童发现、肯定同伴在成果展示中优秀的表现。针对不足：引导同班儿童发现同伴在活动中的不足，并提出合理化建议。
		家长评价	针对优势：鼓励家长发现、肯定儿童在成果展示中优秀的表现。针对不足：引导家长发现儿童在活动中的不足，并提出合理化建议。
		自我评价	通过发现问题引导儿童针对整个活动的内容和过程，发现活动中存在的问题和困惑，并用语言或记录的方式表达出来。引导儿童对于活动的内容和过程提出进一步的完善建议，用语言或记录的方式表达出来。

续　表

阶段	实施方式	活动形式	具 体 说 明
课程评价	课程评价反馈	教师自我评价	过程性反思：教师在实施课程的过程中，通过每日活动反思，调整下阶段的活动设计。 活动后反馈：一阶段课程实施后，进行全面反馈，包括儿童发展、教师专业发展等。
		调研机制评价	定期对儿童发展、教师发展、课程发展进行全方面调研与评价，提出合理化建议，并循环进行。

案例　2-2　一片叶子落下来

一、活动缘起

在大班主题《春夏和秋冬》中，儿童在户外观察时对被风吹落的叶子产生了浓厚的兴趣，并不断地提出问题："为什么这片叶子的颜色有深有浅？""为什么树叶会落下来？"……于是，以图画书《一片叶子落下来》为载体，结合叶子博物馆的环境，帮助儿童积累有关叶子的认知经验，初步感知四季变化和生命轮回的意义。

二、挖掘价值

结合主题，班级的图书区投放许多图画书，其中《一片叶子落下来》引起了儿童的关注。依据《3—6岁儿童学习与发展指南》，分析解读了这本图画书的核心价值包括：其一，观察、比较、发现叶子一年四季的变化过程；其二，感受散文诗的优美语言；其三，体验叶子之间互帮互助，共同成长的情感。

三、活动目标

了解叶子在四季中的生长变化，初步感受到生命轮回的意义。

和同伴一起建造"叶子博物馆"，了解博物馆的基本功能，愿意和同伴分享自己的发现。

四、环境创设

上一届已经毕业的大班在幼儿园二楼走廊里建造了一个"叶子博物馆"。每当这一届大班经过时，都会好奇地张望其中的版面与布置。在学习活动参考用书上关于《春夏和秋冬》主题的内容与要求中提到：了解四季中常见的树木花草和它们的变化，感受季节的不断渐变以及它对人们生活的影响。基于儿童的兴趣以及主题活动的内容与要求，教师带他们走到户外观察叶子的变化，为儿童提供相应的材料，开展《一片叶子落下来》主题式阅读活动。

五、情境相融

活动从不同形式的图画书阅读切入，引发儿童对树叶的兴趣和进一步探索的愿望，从而追随儿童的兴趣点组织了丰富多元的叶子探秘活动（见图 2-6）。

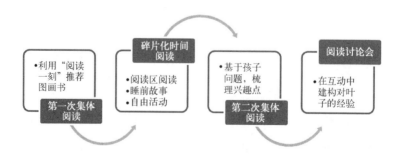

叶子大调查	**玩法**：户外拾捡叶子，用画笔或现代化设备进行观察。 **知识经验**：了解叶子的生长变化，感受到四季对树叶的作用。 **情感态度**：愿意和同伴分享自己的发现。
土豆对比试验	**玩法**：通过改变土豆的生长环境，亲身体验叶子生长的要素及生命轮回的过程。 **知识经验**：了解叶子的生长变化，感受到四季对树叶的作用。 **情感态度**：初步感受到生命轮回的意义。
叶子小书	**玩法**：自主创编有关叶子的主题故事小书，并在集体面前大胆介绍自己的小书。 **知识经验**：了解叶子的生长变化，感受到四季对树叶的作用。 **情感态度**：愿意和同伴分享自己的发现。
叶子剧场	**玩法**：自行装扮，或共同演绎图画书故事，或跟随音乐表现四季叶子跳舞的姿态。 **情感态度**：初步感受到生命轮回的意义。
叶子的艺术创想	**玩法**：寻找不同颜色、不同形状的落叶，进行平面或立体艺术创作。 **能力经验**：和同伴一起建造"叶子博物馆"。
小小讲解员	**玩法**：涉及博物馆导览图，制作解说员的道具，向同伴讲解博物馆的各个活动点内容。 **知识经验**：知道博物馆的功能。 **能力经验**：和同伴一起建造"叶子博物馆"。
叶子图书馆	**玩法**：翻阅各种关于叶子的图画书与收集的资料册，查找自己想知道的问题答案，并通过互动板进行呈现。 **能力经验**：能为自己的研究收集资料，提升解决问题的能力。

图 2-6 《一片叶子落下来》活动流程图

六、成长足迹

儿童的多元能力、学习素养在主题式阅读活动中得到了全面提升。

首先，儿童的社交能力得到了发展。在"叶子博物馆"的小小讲解员活动中，儿童自主对"叶子博物馆"进行研究，部分儿童开始研究解说员该做些什么，怎么介绍"叶子博物馆"，如制作地图、做一面导游旗等制作工具，同时他们向同伴询问"叶子博物馆"的每个地方，也会为其他班级进行介绍，扩大了交流的平台。

其次，儿童的创新能力得到了提升。他们在"树叶设计师"与"树叶贴画"板块借助树叶进行艺术创作，用叶子制成衣服、帽子、头饰等，制作出美丽的作品。

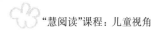

最后,主题式阅读活动提高了儿童的科探能力。阅读了图画书以后儿童提出了许多关于叶子的问题,并在"叶子博物馆"中进行探究,他们用叶脉拓印、制作叶脉书签,利用食用碱挖叶肉等方法研究叶脉,在探究的过程中他们能够找到合适的记录方法,如使用"我的发现""我的问题"记录纸,并能用精炼的语言与同伴分享自己的发现。

（上海市嘉定区实验幼儿园　翁　逸）

案例　2-3　小鸡球球变点心

一、活动缘起

结合主题,我们在阅读区中投放了《小鸡球球变点心》这本书,很受儿童欢迎。首先,他们会通过各种形式与小鸡球球进行互动,有时他们一边翻阅,一边做吃点心的动作,还会发出"啊呜啊呜"的声音;有时摸一摸、玩一玩书中的小动物和不同形状的小洞洞。其次,他们对书中的食物产生了浓厚的兴趣,并用多种方式制作喜爱的食物。最后,他们尝试演绎故事情节,扮演故事中的角色,与同伴分享。

二、挖掘价值

根据《3—6岁儿童学习与发展指南》的教育目标,该图画书的核心价值有以下几点:其一,通过阅读培养良好的饮食习惯。其二,口齿清楚地讲述故事。其三,个性化地表现故事。

三、活动目标

理解故事内容,体验运用多感官与书本互动的乐趣;

用多种材料大胆地制作常见的食物;

尝试与同伴共同表演故事。

四、情境相融

在进行集体阅读、欣赏故事的过程中,儿童目不转睛,完全被故事中的情节所吸引。在教师说了几次魔法咒语"呀咪呀咪咕噜噜"后,他们愿意跟着教师一起念魔法咒语。在分享交流中发现他们有的对书本中的点心感兴趣,有的对魔法咒语感兴趣,还有的喜欢书中可爱的小动物形象。

在自由活动、"阅读一刻"和个别化学习活动中,他们经常主动选择这本图画书进行阅读。在阅读的过程中,他们会和同伴一起说说魔法咒语,一起"吃一吃"书中的小点心,一起将小动物的身体部位"变一变",变成点心……

亲子阅读和图书漂流也是本次主题式阅读活动的重要组成部分。老师将书本摆放在教室的各个角落,儿童和家长一起在园或在家共同阅读。

基于儿童兴趣,结合图画书内容,我们开展了一系列的延伸活动。

第一,玩玩"魔法变变变"。我们将书本中的角色立体地呈现在主题墙上,他们可以念着咒语,拿着塑封纸制作的透明点心形状片在"森林"中找找点心在哪里(见图2-7)。

第二,制作小点心。儿童在角色游戏时,出现了卖点心的游戏情节,我们提供了彩泥、彩球、吸管等材料进行支持。他们还用涂色、撕贴等方式对自己喜欢的点心进行"烹饪","烹饪"成功后与好朋友一同分享自己喜爱的点心。同时,他们对于如何帮球球把点心从工厂送到商店很感兴趣,在建筑小工地中他们和朋友一起商量并设计球球

图 2-7　立体呈现书中场景

的点心工厂，以及送货路线，从而帮助球球更好地售卖点心。

第三，家园互动。小班的动手能力有限，我们请爸爸妈妈们一起动手玩一玩、做一做，开展了"好吃的点心""我们的魔法书"等活动。同时，我们还进行了亲子调查问卷"最喜欢吃的点心"，儿童和父母将喜爱的点心记录下来，并且试着做一做，以照片和立体作品的形式展示在班级环境中。借助"带着图书去旅行"的活动平台，儿童与家人一同对故事内容进行改编或创编，利用多种材料制作了立体、耐翻看的原创图画书，供班级儿童在园继续翻看阅读和讨论。

第四，演绎图画书。随着活动的推进，儿童对于图画书已经非常熟悉了，于是就产生了表演的欲望。他们穿上披风扮演魔法师的角色，念起书中的魔法咒语，还邀请老师和小朋友一同来观看。

五、成长足迹

儿童在主题下"畅玩"图画书，体验图画书带来的乐趣，激发阅读的兴趣。活动从简单的平面阅读展开，而后是立体阅读的形式，如用不同材料制作点心、化身魔法师小球球演一演等,以图画书为载体,带给小班儿童多元而有趣的体验,在这个过程中,他们各方面的能力也得到了提高。

首先,提高了语言能力。"呀咪呀咪咕噜噜"已是每一位儿童都会说的咒语了,在进行相关活动的过程中,儿童总是能主动地边玩边说。在辨别动物的同时能够试着说连贯的短句,如"火烈鸟的翅膀变成了冰淇淋""猴子的尾巴变成了甜甜圈"等。

其次,提高了动手能力。球球小剧场帮助儿童在表演的同时发展了动手操作能力,活动中"球球点心屋"用各种材料制作点心,在用彩泥的过程中学会了搓、揉、捏等基本技巧。在"好吃的点心"中,儿童用简单的图形绘画喜爱的点心,并为其填上好看的色彩,锻炼了儿童的绘画技能(见图2-8)。

图2-8 制作小点心

最后,提高了交往能力。在开展主题式阅读活动的过程中,儿童经常与同伴商量,尝试表达自己的想法,在遇到矛盾时尝试讲道理,共同解决问题等。

同时,教师也提升了解读图画书的能力。以往,图画书仅仅是一个简单的"平面阅读"，即与儿童共同欣赏这个故事，满足他们对故事情节和画面的需求。而主题式阅读活动让我们思考：如何将阅读融入儿童的生活？我们要根据儿童的兴趣选择适合的图画书开展各类活动，让图画书真正地活起来。

（上海市嘉定区实验幼儿园　张晨赟　王烨蔚）

案例　2-4　冬天里的弗洛格

一、活动缘起

在"阅读一刻"中，老师发现儿童对《冬天里的弗洛格》这本书特别感兴趣，他们聚在一起看看说说，常常会停留在"弗洛格摔倒在冰面上"和"小动物们打雪仗"的画面上，有的儿童还提出疑问："为什么弗洛格的朋友们玩打雪仗玩得这么开心，弗洛格却很不开心呢？""我们也觉得打雪仗很有趣，弗洛格为什么不跟大家一起玩儿呢？"这些问题表明他们对画面内容十分关注，而且也萌发了质疑的意识，并且这些问题不仅停留在故事本身上，更是一个关于冬天里动物习性的引子，是一个可以持续探索的内容，于是我们使用了《冬天里的弗洛格》这本图画书开展主题式阅读活动。

二、挖掘价值

基于《学前教育4—5岁教师参考用书学习活动》中提到的《寒冷的冬天》主题活动的内容和要求：关注冬季各种自然现象，了解动植物不同的过冬方式；喜欢参加各种有趣的冬季活动，体验人们能用各种方法抵御寒冷。

图画书中冬天的场景在我们南方很少出现,儿童对冰天雪地的场面充满了无限的好奇心,书中关于下雪天的画面和语言能够满足他们对于雪天的向往和探究的欲望。故事中弗洛格的朋友们用真诚的关心和各自的方法来安慰和帮助弗洛格,为中班儿童的同伴交往起到了良好的示范作用。弗洛格在冬天非常难受,除了怕冷之外,还有一个重要的原因便是青蛙要在冬天冬眠的生活习性,所以它干什么都提不起劲儿来,儿童通过这个故事深入地了解到关于"冬眠"的相关信息,为后期的探索活动打下了基础。

三、活动目标

了解青蛙在冬天冬眠的生活习性;

理解故事,感受同伴间相互帮助的情感。

四、情境相融

在集体阅读的过程中,老师提出了开放性的问题:"你觉得这个故事怎么样?"有的儿童说:"我觉得弗洛格摔倒很有趣",有的说:"冬天里打雪仗很有趣"。从回应中可以看出,他们对冬天这个季节的特征很感兴趣,但是对这个故事的理解不够深入。他们发现了"弗洛格摔倒了",但是没有关注到弗洛格为什么摔倒;他们发现"打雪仗很有趣",但是没有发现弗洛格根本没有参与打雪仗,它的表情也是"闷闷不乐"的……他们只知其然,不知其所以然。于是老师在继续提问中引发儿童的深入思考,直至儿童提出质疑:"打雪仗这么有趣,弗洛格为什么不跟大家一起玩呢?"这个问题表明他们开始关注故事情节和画面中的细节,也是引发探索冬天里动物习性的契机。

基于儿童自主阅读时的语言和行为表现,老师设计了"阅读讨论会",一起从问题开始,由表及里、层层深入地理解故事内容(见表2-9、表2-10)。

表2-9 《冬天里的弗洛格》阅读讨论会中生生互动记录表

孩 子 提 问	孩 子 回 答
天上为什么会下雪?	冬天就会下雪。 我妈妈带我去哈尔滨,那里下了很大的雪,地上全白了。 我去我姥爷家(北方),那里冬天也会下雪。
打雪仗这么好玩,弗洛格为什么不高兴啊?	因为弗洛格不会玩。 因为弗洛格怕冷,它应该多穿点衣服。 可能它不喜欢玩雪,它只喜欢游泳。

表2-10 《冬天里的弗洛格》阅读讨论会中师幼互动记录表

教 师 提 问	孩 子 回 答
故事里,弗洛格的朋友们是怎么帮助弗洛格的呀?	小鸭子教弗洛格滑冰。 小鸭子送了弗洛格一条围巾。 野兔给弗洛格讲故事。 小猪给弗洛格熬了一碗汤。
你们有什么方法帮助弗洛格变得暖和呢?	我的好办法是给弗洛格穿毛衣。 我的办法是给弗洛格一个热水袋。 可以开热空调。

在生生互动和师生互动中,他们知道了青蛙有冬眠的生活习性,激发了对雪天的向往和探究的欲望,也感受到了弗洛格的朋友们对弗洛格真诚的关心和帮助,积累了很多关于冬天的生活经验。通过"阅读讨论会",提升了儿童的质疑能力、表达能力、思维能力,也促进了他们对故事价值的把握。

《3—6岁儿童学习与发展指南》中提到"在儿童自主表达创作的过程中,不做过多干预,不把自己的意愿强加给儿童,在他们需要时再给予具体的帮助"。在第一次表演的时候就发现了这样一个问题:小猪的背包没有怎么办?没有雪球怎么打雪仗?儿童针对表演道具的问题进行了一次讨论,他们翻开图画书,很快就罗列出了表演中所需的道具,包括雪球、树枝、背包、围巾等。老师追问道:"那我们用什么来准备这些道具呢?"他们解决问题的能力和方法让人惊喜万分(见表2-11)。

表 2－11　解决道具问题记录表

表演所需道具	替　代　物
雪　球	白色的铅画纸揉成团
树　枝	报纸卷成纸棒
背　包	角色游戏中的小背包
围　巾	家中带来
……	……

儿童用自己的方式解决了道具的问题之后，根据情节的变化运用道具，过程中也不需要教师过多的指导，因为自主准备的道具使用起来得心应手。在活动后期，他们已经不满足于表演《冬天里的弗洛格》的故事，还会自发寻找其他的图画书故事进行表演，并通过商量、合作来自主完成角色分配、道具准备，真正做到"我的表演我做主"。在之后的表演中，他们快速进入角色，用自己内化后的语言进行演绎，从而更深入地理解了图画书的内容，同时体会到了同伴间相互帮助的温暖。

在班级建构区中，儿童用建构材料再现故事中的场景和角色。很多人对弗洛格这个角色情有独钟。起初，他们用现成的积木来搭建：机器人弗洛格、木头人弗洛格、超人弗洛格。渐渐地，这对他们而言没有了挑战。于是，和老师一起收集废旧物品，作为建构的材料。由于材料的结构变低，难度便加大了。他们再一次翻开了图画书，仔细观察主人公弗洛格的形态后，用大盒子做它的身体，小盒子做它的头，饮料瓶盖子做它的眼睛。有的还把做好的弗洛格搬到美工区，用颜料刷成了绿色，一个个栩栩如生的"弗洛格"展现在大家面前，儿童的创造思考力又一次得到了发展。

冬天里的弗洛格和朋友们还会发生什么故事？在"出版社"中，他们展开想象，积极表达自己的奇思妙想，画了一幅又一幅作品。教师搜索了自制书的不同样式，引导他们将自己的画装订起来。他们敢于尝试，用各种方式装订了自制书：有的用胶带；有的用夹子；有的请教师帮忙用订书机；还有的将每一页都标上了页码。在分享活动中，教师推广了自制书的不同做法，激发了儿童的相互模仿。由于经验有限，不少儿童书写的页码数字歪歪扭扭、正反不一、次序错乱。于是，教师又翻开了图画书，展示页码的正确写法和顺序,并鼓励他们再度尝试。

此外,他们还化身成为小记者,通过采访同伴和大班的哥哥姐姐,了解冬天里保暖的好方法,并将采访到的好办法记录下来。一开始,他们非常胆怯,询问的声音也很轻,但是经过几次锻炼之后,便越来越大胆自信,记录的手法也日趋娴熟……

五、成长足迹

本次主题式阅读的主题是《寒冷的冬天》,该主题的内容和要求是贯穿整个主题活动的。在这个主题背景下,进行环境创设,开展相关活动,帮助儿童积累主题经验。而《冬天里的弗洛格》这个主题式阅读活动是《寒冷的冬天》主题活动中的一个小站点,所以也要遵循《寒冷的冬天》的主题内容和要求开展活动。在这个过程中,高低结构的活动环环相扣,例如儿童在"出版社"中画了很多零散的作品,教师通过引导儿童集体欣赏各种各样的自制书,推动儿童开展下一步的自制书的活动。在活动中产生了用不同方式装订自制书的行为后,再进行集体的分享活动,在这样循环往复的过程中,高低结构活动的有机结合,不断地助力儿童多元能力的发展。

在以往的个别化学习活动中,儿童基本都是在一个区域内活动的,是完成一个区域的任务后换一个区域继续。而在主题式阅读活动中,他们根据需要生成了很多活动。比如严严小朋友将建构区的弗洛格搬到美工区刷成了绿色,表演区的孩子去图书角更换故事进行表演;再比如除了采访隔壁班级的孩子,还去了附近的科探室和楼上的哥哥姐姐班级采访等等。教师根据课程目标和儿童的兴趣对环境布置、材料提供、活动内容和方式进行了"预设"之后,儿童为了满足自身的兴趣需求,自主地"生成"了活动。

在多元阅读的过程中,儿童不仅通过主动学习,积累了相关的经验,还获得了多种能力的发展,包括语言表达能力、创新思维能力、合作交往能力等。而教师通过观察、解读和支持,和他们一起发掘阅读带来的无限可能。

（上海市嘉定区实验幼儿园　陈雪红　陆婧媛）

案例 2-5 老鼠娶新娘

一、活动缘起

儿童在阅读《老鼠娶新娘》这本图画书时除了被浓郁的"中国风"画面所吸引之外，也提出了自己的疑问："为什么老鼠村里会有猫?""还有比阿郎厉害的老鼠吗?"于是，教师和儿童一起走进这本传统图画书的世界里……

二、挖掘价值

本次主题式阅读活动结合"我是中国人"主题活动中的内容和要求，即"了解我国丰富多彩的民间节日及习俗，感受参加民俗活动的快乐"，以《老鼠娶新娘》为载体，与儿童一起大胆创新。基于图画书的核心价值，体会故事情节，知道每个人都有自己的强项，也都有自己的弱项;理解故事中传统童谣的含义，尝试念儿歌、诵经典。

三、活动目标

理解故事中传统童谣的含义，尝试念儿歌、诵经典;
理解故事，体会故事情节，知道每个人都有自己的强项，也都有自己的弱项。

四、情景相融

利用"阅读一刻"后的好书推荐时间，儿童一起听了这个故事，目的是要引起儿童对这本书的关注,引发阅读兴趣。在欣赏故事的过程中,他们非常专注,完全被故事情节所吸引。

故事讲完后,班级图书角中放置了这本《老鼠娶新娘》。在每天的自由活动和"阅读一刻"的时间,他们都会去翻阅这本图画书。从中,也观察到了儿童的一些阅读行为,如有的喜欢独自阅读;有的则喜欢和同伴一起边看边说;有的会聚精会神地观察画面;有的则会把书中的文字念出来;还有的会和同伴模仿着故事里的对话。一周多的时间,利用"阅读一刻"后的分享时间,他们聚集在一起,展开了讨论,互动积极、热烈,还把他们"最强"的地方用画笔记录了下来(见表2-12)。

表2-12 《老鼠娶新娘》阅读讨论会中师幼互动

老 师 提 问	孩 子 回 答
你觉得故事里谁最强? 为什么?	太阳最强,因为没有太阳植物就不能生长了。 太阳最强,太阳的光照出来,人的眼睛都张不开了。 风最强,风可以把云吹走。 风最强,想要把东西吹到哪里就吹到哪里。 阿郎最强,因为阿郎救了美叮当。 阿郎最强,他很勇敢。 阿郎最强,美叮当从高台上掉下来,阿郎都能够救她。
你最强的地方是什么?	我搭积木最强,妈妈让我搭什么我都能搭出来。 我最强的是回答问题声音很大声。 我下围棋很厉害,爸爸都输给我。 我最强的地方是跳舞很厉害,一学就会。 我最强的地方是能说很多英语字母。

在一起讨论的过程中,除了让他们说说自己最强的地方外,老师还向他们提出了"我们班谁最强?"的问题,旨在让儿童发现同伴的亮点。在生生互动的过程中,他们大胆表述自己的想法,互相阐述自己的理由。

在角色游戏中,有的玩起了结婚的游戏。于是在分享交流中聊了聊关于中国传统婚礼的一些风俗,虽然他们对结婚有兴趣,大多数也对现代婚礼有所了解,但对于中国传统婚礼风俗的经验相对较少。于是为了满足并丰富儿童的婚礼游戏行为,教师请他们与家长共同收集了关于中国传统婚礼风俗的一些资料。在接下来的一次角色游戏中,儿童又玩起了婚礼游戏,可能是有了相关的经验,会主动向老师提出需要一些辅助材料帮助他们更好地开展游戏。因此,在游戏分享中,老师将他们提出的问题抛给大家:"要举行一场传统的婚礼,你们认为需要哪些材料?"他们除了说迎亲队伍里的乐器可以用小舞台中的打击乐器替代外,对新郎新娘的装饰物也特别感兴趣,提出可以用红色的丝巾或者绸带等代替婚礼时的道具。于是,为了让儿童更好地开展结婚游戏,教师便在游戏中投放相应的材料,引发他们的进一步行为。通过分享这个游戏内容,推动游戏的发展。在游戏的过程中,他们又萌发了一些思考,迎娶新娘时需要哪些角色?怎么有节奏地跟着音乐走?迎娶时的队形是怎样的?带着这些问题,儿童又一次开始了对于图画书的阅读,这次他们是自发以小组为单位带着问题阅读图画书寻找答案。

有一天,几个女孩子围在一起照着书本中的老鼠进行创意表现,但是她们在绘画中又产生了困难,如缺少老鼠的胡子或是尾巴等问题,然后在分享时一起讨论了关于图画书中老鼠的形象如何用绘画的形式来表现。于是抓住儿童的兴趣点,老师提供了一些名画中的老鼠或是可参考的美术作品等供他们欣赏。很多人又再一次翻开了图

画书,仔细观察图画书中老鼠的各种造型和神态。老师将他们画的各种形态的老鼠布置在了墙面上。在接下来的一段时间里小舞台几乎每天都会上演"老鼠娶新娘",他们自发地进行角色分工并排练节目。由于女孩子们都很喜欢新娘的角色,所以在角色分工时,出现了争执的情况。于是在一次分享活动中就这个问题展开了讨论,儿童提出可以像班级里的个别化预约一样来预约角色(见图2-9)。

经过几次表演,儿童发现单单用红绳等当轿子,感受不到坐轿子的感觉,他们提出在电视里看到的轿子都是方方的,人

图2-9 节目角色安排表

可以坐在里面的，于是老师顺势问可以用什么来做轿子呢？有的提出可以用大纸箱或者用木板拼起来搭成一个方方的轿子。老师就找来一个大箱子让他们自由地选择材料进行设计改造。有的说结婚时墙上、窗户上都会贴上红红的"喜"字，老师就准备了"喜"字的模板放在材料区供他们参考使用，他们自己剪出了"喜"字。在表演的时候，抬嫁妆的儿童表示非常不满，他们说书中的老鼠手上肩上都拿着或挑着东西，但他们却在表演时两手空空的，因此他们提出可以自己做一点"嫁妆"。

在自制小书的活动中，儿童制作了自制小书。在造新房的活动中，有几个男孩子围在一起，他们用乐高搭的建筑和平时的有很大的不同，因此分享的时候请他们来介绍才知道，他们搭的是《老鼠娶新娘》中的老房子。在接下来的几次搭建活动中，发现他们会拿着《老鼠娶新娘》的图画书，对着图画书中的建筑仔细观察并搭建。在摆喜酒的活动中，他们将自己制作的关于婚礼的用品布置在教室里，在表演时会自己去拿好所需要的物品。在自由活动时间，老师发现儿童对图画书最后的童谣特别感兴趣，他们会三三两两有节奏地念起童谣，有的会和同伴对念，你一句我一句。这样的行为首先与他们对图画书的熟悉与喜爱有关。其次，也与童谣本身朗朗上口的特性有关。看着他们对童谣如此的喜爱，老师顺势将一些经典的童谣介绍给他们，丰富其对童谣的经验。另外，儿童还将图画书中的童谣用画笔记录了下来，布置在了他们表演的区域。最近有人刚从西安旅游回来，向大家介绍了西安的特色——皮影戏，大家都非常地感兴趣。正好在《我是中国人》主题中有一套皮影戏的道具，于是儿童提出可以自己制作关于《老鼠娶新娘》的皮影戏道具。

五、成长足迹

于此，关于《老鼠娶新娘》的主题式阅读活动告一段落，在整个活动进行的过程中，无论是儿童还是教师，都有所提高、有所收获。

首先，儿童迁移图画书的能力提高了。在活动中，他们的阅读不仅仅停留在平面的图画书中，而且通过各种形式的阅读、小组讨论等将阅读立体化、丰富化，从而充分体会图画书中的精神和情感，将图画书的价值最大化。其次，儿童表达表现的能力提高了。活动中他们自主进行讨论,在和其他人有意见冲突时也能条理清晰、有理有据地阐述自己的想法,试图说服对方。在故事表演时,都能大胆自信地表演。再次,儿童提出问题、解决问题的能力提高了。在活动实施过程中难免会碰到困难和问题,这时就需要他们去发现问题、分析问题、解决问题。最后,儿童合作的能力提高了。整个过程中分工明确,有条不紊。在本次活动过程中,他们根据兴趣和在开展活动的过程中遇到的问题自行分组研读图画书,并通过商量确定了各自的分工和任务。

同时,教师的专业素养也得到了提高。在以往的阅读活动中,教师总是为选择合适的图画书内容而伤透脑筋。有时教师费尽心思选择的内容,儿童却并不"领情"。实施教育的方法是多种多样的,我们必须尊重儿童的兴趣,以儿童的角度考虑教育问题。在主题式阅读活动开展的过程中,打破了以往"上一节课,看一本书"的传统阅读模式,教师更关注儿童的兴趣,以儿童兴趣、主题线索为主导来开展活动,无论是图画书的选择还是各类活动的开展,均以儿童的兴趣为前提,过程中不断观察和记录。同时,在开展活动中,教师不断关注儿童在过程中的兴趣和需求,提供他们所需的、必备的物质材料,从活动的发起者、领导者逐渐向活动开展的支持者转变。在儿童遇到困惑和困难时,教师帮助幼儿梳理经验,共同商讨活动的下一步如何进行。时刻将儿童视为活动的主体,在过程中才能不断激发儿童对图画书的深度认识。

(上海市嘉定区实验幼儿园　梁　樱　姚婧怡)

案例　2-6　三只小猪

一、活动缘起

《三只小猪》是一本非常经典的图画书,画面活泼、故事内容逻辑性强且寓意深远,儿童也非常喜欢故事中的情节发展。结合本班儿童在接触《三只小猪》这本图画书时的感受和行为，基于当下主流的教育理念，我们决定打破传统阅读活动的形式，以儿童视角观察、设计活动，将更多的自主权还给儿童。

二、挖掘价值

在《学前教育5—6岁教师参考用书学习活动》中《我们的城市》主题下有这样一条内容与要求：有兴趣地观察周围不同的建筑，了解它们的特征，以及与人们生活的关系。同时，《3—6岁儿童学习与发展指南》中对大班儿童语言领域发展有这样一条教育建议：能根据故事的情节或图画画面的线索猜想故事情节的发展，或续编、创编故事。结合《3—6岁儿童学习与发展指南》分析解读图画书的核心价值，包括：其一，故事中有大量的人物对话，非常适合幼儿模仿和表演。其二，故事中的三只小猪最后团结一致对抗大灰狼，带给幼儿三点启发，即一是做事不能贪图方便；二是团结合作才能成功；三是遇到困难不能退缩，要想办法解决问题。其三，故事中有关造砖头房子的画面，能帮助儿童了解砖块垒高和围合的方法。其四，鼓励儿童用不同的材料为小猪设计、制作不同功能的房子。

三、活动目标

理解故事内容，感受故事中各个角色的不同性格，并大胆进行创编和表演；
大胆想象故事的情节，并愿意探索和参与各种不同房子的建构活动。

四、情境相融

教师完整讲述《三只小猪》的故事，使儿童对故事有了清晰地了解，同时也对《三只小猪》萌发了更浓厚的兴趣。个别化学习活动中，儿童自主阅读《三只小猪》，并尝试根据画面原型自制《三只小猪》的故事书。在"阅读一刻"时,他们三五成群地阅读,并轻声讨论。自由活动时,他们看看、演演《三只小猪》的故事。儿童利用"阅读一刻"围绕"怎么样的房子能够保护小猪? 小猪在外面时遇到危险如何保护自己?"开展了一次阅读讨论会,进一步理解故事内涵。

儿童通过观察图画书中猪老三的砖头房子设计了房子的图纸。与同伴商量后,选择看上去很坚固的木头积木作为造房子的材料。但是在他们把所有的木头积木用完时,发现房子的围墙还是很低,根本不能抵抗大灰狼的入侵。儿童开始在一起思考,还有什么材料可以替代木头积木做墙面呢? 于是我们召开了一次小型的阅读分享会,鼓励他们一起想办法。有的说可以用木板来代替,有的说用牛奶盒代替,也有人反驳说,牛奶盒和原来的木头积木大小不一样,不能搭在一起。于是儿童进行了初步的尝试,将木板和木头积木黏贴起来,但是由于木板较重,不能很好地固定,一直掉下来。于是又选择了另一种材料——纸板。儿童将纸板和木头积木连接起来,一方面可以大大节省木头积木的数量,另一方面还能在纸板上画上窗户,使房子更具实用性。当外围墙建造完毕,新的挑战又来了。儿童设计的是三角形屋顶的房子,但是在实施过程中发现无法用木头积木完成三角形屋顶。此时他们又想到了纸板,但是发现并没有这么大的纸板,且有儿童提出"用纸板做屋顶,万一下了雨了怎么办呢?"经过讨论和教师的引导,最终儿童用 KT 板代替纸板,并将两块 KT 板割成屋顶的形状,和墙面连接在一起。

儿童想要建造一幢自带武器和望远镜的房子。他们设想在屋顶装上雷达和警报器,当危险靠近时会自动检测和报警来提醒小猪做好准备。同时,房顶上还带有发射装置,当大灰狼靠近时,能发射网袋,将大灰狼罩住。儿童选择户外建构场地的塑料积木作为原材料,当他们发现由于塑料积木的表面比较光滑而无法固定时,他们选择将积木和积木之间用双面胶固定的方式。一开始,小组里只有一个人在码塑料积木,其他人都在贴、剥双面胶。建构的负责人来不及,而其他人则出现等待、吵闹、分神的现象。于是教师请该组暂停活动,说说目前碰到的困难和问题。建构负责人说:"他们都在弄双面胶,我一个人来不及,他们贴好双面胶还乱扔,我都找不到哪些是贴好的。"教师请他们自己商量决定如何解决这个问题。他们进行了讨论,决定再请一位儿童一起

图2-10　幼儿搭建房子

建构房子，两人剥、贴双面胶，两人负责运送积木，并且他们用剪刀石头布的方式决定各自的任务。经过调整后，效率明显提高。当然，他们也面临了同样的问题："房子的屋顶如何固定？"教师提醒他们可以尝试用其他形状的塑料积木先把屋顶的底铺好，再在上面进行形状的建构。他们经过尝试后选择了较宽的塑料积木铺底，并将之和墙面固定住，再用三角形塑料积木建构出三角屋顶。最后，他们用一次性杯子、吸管、扭扭棒、水果网袋等材料做了屋顶上的报警和防御设备（见图2-10）。

儿童突发奇想要造一幢可以移动的房子，这样遇到危险就可以马上搬到安全的地方去。他们想要一幢像火车一样的房子，于是教师提供了火车头房子的半成品。在教师的帮助下，他们完成了房子的拼装。但是，儿童提出异议："火车头房子里空荡荡的，小猪们怎么生活呢？"于是老师请他们回家采访家人："什么样的家才是舒服的家？"第二天，大家迫不可待地想要分享自己的想法：有的说舒服的家里一定要有床，才能睡得舒服；有的说舒服的家里一定要有电视机；还有的说家里要有桌子椅子等。于是我们鼓励儿童将火车头的房子变成舒适的房子。其中一名儿童表示要制作三张床，给三只小猪睡。但是当他把三张床放进房子时，发现床太多了放不下。这下可怎么办呢？教师马上抛出问题："有什么办法可以让这三张床都放进火车头房子呢？"有的说把床做的小一点，有的说只要一张床大家睡在一起。教师提醒儿童去观察学校卧室里的床，他们马上联想到可以造一张高低床，两层的甚至是三层的。于是儿童将两张床上下用积木连接在一起，变成一张高低床，并用百变积木做了一些桌子、椅子放到火车头房子中，提高房子的舒适性。最后，当家里的设施都完成后，儿童还用蜡笔等装饰火车头房子，使其更具美观性。

儿童在反复阅读《三只小猪》时,突然产生了一个问题:"当小猪不在家时,要怎么保护自己?"这个问题马上得到了其他伙伴的共鸣。于是,他们展开了热烈的讨论:有的说小猪可以随身携带武器;有的说让小猪不要出门就呆在家里……经过商讨、投票,最终他们决定为小猪制作一身从头到脚能够严密保护小猪的盔甲。他们按照设计图纸和人员分工表进行制作。但是一开始就困难重重,如"头盔上的天线怎么制作?""灯泡用什么代替?""手臂部分如何与肩膀部分连接固定?"等。对于儿童遇到的难题,老师也没有做过多的干涉,而是提供了一根木头小棒和扭扭棒,然后鼓励儿童可以组织组员开会,大家一起想办法解决问题。儿童看到木头小棒和扭扭棒,有的联想到可以将扭扭棒弯成扭扭的形状,固定在头盔上作为天线,而灯泡则需要可以发光的东西。老师还鼓励儿童自己去材料区观察和选取,最终他们发现了废旧光盘会反光,适合用来替代灯泡。组员们各司其职,有的制作腿的部分,有的制作头盔部分,有的则努力完成手臂部分。最后,要把这些盔甲的部分连接成整体时,新的问题又出现了,如果固定完成,那么很难钻进盔甲里。为了帮助他们顺利进行项目,老师适时地给予了帮助。教师给该组儿童看

了脱卸式衣服(手臂部分用拉链连接的),激发儿童的灵感和思维。爱动脑筋的 kk 马上想到,盔甲的手臂部分也可以用类似的方式和身体部分连接。他尝试在手臂靠近顶端的部分和身体靠近胳肢窝的部分打洞,再请一名儿童戴好头盔、穿好身体部分,再用扭扭棒将两个洞穿在一起。终于成功了,手臂和身体不仅能够连接起来,且活动非常自如。盔甲制作完成后,他们自发地为《三只小猪》创编了不一样的故事,并根据故事情节进行排练、表演。在个别化学习时,该组儿童表演了不一样的《三只小猪》的故事,引得大家捧腹大笑,也获得了一致的赞许(见图 2-11)。

图 2-11 幼儿制作的盔甲

儿童想要为小猪设计一双溜冰鞋,在安全时可以正常走路,在遇到危险时能够快速滑行溜走,还配有加速器。项目进行的第一步,他们需要一双鞋子。于是组里的儿童主动带来了一双雨鞋。第一次尝试时,儿童将纸芯筒直接黏贴在雨鞋鞋底,但是根本粘不上。研究后发现由于雨鞋的鞋底凹凸比较厉害且粗糙。怎样才能让雨鞋的鞋底变得光滑呢? 带着这一问题,他们来到了材料区,思考解决的办法。经过尝试和验证,最后决定在鞋底贴一块相同大小的纸板,这样鞋底就变得平整和光滑。为了达到溜冰鞋和普通鞋转换的效果,儿童将直筒型和纸板用扭扭棒连接起来,并在最底层又覆了一层纸板。在平时,这双鞋子就犹如松糕鞋,当遇到危险时,将扭扭棒抽出,就变成了溜冰鞋。为了增加效果,他们还用瓶盖等物品做了加速器按钮,可以让溜冰鞋全速前进。

五、成长足迹

活动进行的过程中,无论是儿童还是教师,都有所提高、有所收获。

首先,儿童提高了迁移图画书的能力。活动中他们的阅读不仅仅停留在平面的图画书中,而且通过各种形式的阅读、小组讨论等将阅读立体化、丰富化,从而充分体会图画书中的精神和情感,使图画书的价值最大化。

其次,儿童提高了表达表现的能力。活动中儿童自主进行讨论,在和其他人有意见冲突时也能条理清晰、有理有据地阐述自己的想法,试图说服对方。在故事表演时,大家都能大胆自信地表演。

最后,儿童提高了提出问题和解决问题的能力。在活动实施过程中难免会碰到困难和问题,这时就需要儿童去发现问题、分析问题、解决问题。在进行活动时,儿童善于发现和解决问题,如提出如果小猪在外面时如何保护自己的问题,他们围绕这个问题进行了讨论,并决定帮助小猪制作铠甲和溜冰鞋。可见他们思考的问题是和故事情节相联系并具有实际意义的,因此也说明儿童提出问题的能力得到了提升。

(上海市嘉定区实验幼儿园　张　益)

案例 2-7 100层的房子

一、活动缘起

《动物大世界》主题中,儿童对动物的生活习性产生了浓厚的兴趣,在主题开展的过程中,他们有很多自己的发现与问题:"为什么动物生活的家园都是不一样的呢?""人类和动物做朋友,可是,为什么现在有的动物越来越少,甚至灭绝了呢?"于是,我们一起走进了图画书的世界。

二、挖掘价值

目前班级正在开展《动物大世界》主题活动,在《学前教育5—6岁教师参考用书学习活动》上关于这个主题的内容与要求中提到:了解常见动物不同的特点及其与周围环境的关系,有进一步探索动物生活习惯的愿望;对动物奇特的现场和特殊本领感到好奇,体验探索动物奇特现象的乐趣;了解人类可以从动物的一些特征中获得启发,进行发明创造。

三、活动目标

了解动物的不同特征,探索动物的生活习性,加深对数列的理解;

感受画面中每种小动物日常生活的温馨。

四、情境相融

在"阅读一刻"中，老师向儿童推荐了这本图画书。在自主阅读时，老师发现他们最感兴趣的是书中有趣的故事内容、竖式排版的形式、美丽的插画、有趣的情节设计。老师引导儿童仔细观察画面，并及时记录下自己的发现和问题。鉴于他们对书的喜爱，教师引导家长在家和儿童一起亲子阅读这本书，在阅读过程中，引导他们看一看、想一想、做一做。通过多样的亲子阅读方式，满足了他们强烈的好奇心，并引导他们创造性地去表现自己，也满足了他们表达表现的欲望和艺术表现的愿望，激发了他们主动学习的欲望。此外，还开展了一系列阅读延伸活动。

老师引导儿童给动物设计房子，设计自己心中的"动物家园"，在班级美工区、建构区、语言区都有儿童忙碌的身影：有的在建构区给"动物家园"搭了美丽的家园，并根据动物不同的生活习性划分了不同的区域；有的在美工区制作各种立体动物，图画书变成了一个载体，让他们天马行空般的想象力得到了淋漓尽致的发挥。

在班级语言区里，一直有儿童制作小书的忙碌身影，儿童喜欢制作小书，但是他们做的小书比较单一，于是在讨论中，我们产生了以下几种图书的制作形式（见表2-13）。

表 2-13　自制小书的形式

内　　容	组　织　形　式
八格书	小组合作制作空白书。 各自设计完成小动物的房子书。
长卷书	小组合作准备画长卷书的材料(垫板、笔、水、抹布、反穿衣)。 各自设计完成"100层的房子"的局部，小组合作完成一栋房子。
立体书	各自完成立体自制房子。 集体拼装成一栋立体房子。
折叠书	各自准备自制书材料、独立设计并完成自制书。

儿童根据自己的喜好选择了自己最擅长制作的书，他们自主选择所需要的材料制

作图书,认真投入。

五、成长足迹

在幼儿园主题式阅读活动中,老师根据儿童的兴趣点,结合图画书开展活动,在满足了儿童兴趣的同时,也激发了他们主动探究的愿望。第一,增强儿童的学习主动性。当他们遇到困难时会主动向成人或同伴寻求解决方案,也会通过查阅图书资料、上网搜索等方式寻求答案。第二,增强儿童的艺术表现能力。他们会用各种材料、绘画工具表现自己的作品,如立体作品、各种自制小书等。儿童想象力、创造力逐渐增强,作品画面逐渐丰富,艺术表现能力逐渐增强。第三,增强儿童的语言表达能力。在自制小书的过程中,通过集体分享交流、小组分享交流的形式,儿童语言梳理组织能力越来越强,自信心也逐渐增强,儿童敢于在集体面前表现自己。第四,增强儿童的阅读兴趣。他们在自制小书过程中,遇到困惑会自己翻书。例如"阅读一刻"和自由活动时,时常会看到儿童在自主阅读,遇到不认识的字或者想问的问题也会主动问老师,他们越来越喜欢阅读,也越来越喜欢书。

教师也在悄悄地发生变化。当教师发现了儿童对事物的喜好会呈现阶段性变化,当儿童对某个内容失去探索兴趣的时候,教师的持续推进就显得尤其重要了,如他们对小舞台失去表演兴趣的时候,教师适时地引导就显得非常重要。教师可以通过交流分享、深入交流的方式引导儿童,教师不仅仅要做好儿童的引导者,也要做好支持者,支持儿童去解决一个个困难。教师作为儿童活动的支持者、引导者、促进者,首先,教师要善于观察儿童,在观察倾听中了解他们的所思所想;其次,教师要善于捕捉儿童活动中的"价值点"并进行推进,激发儿童主动探究的欲望;最后,教师要心系全体儿童,引发生生互动,引导儿童学会倾听同伴、相互学习,营造良好的学习氛围,激发儿童主动学习的愿望。

(上海市嘉定区实验幼儿园 杨玉兰)

案例　2-8　　我的地图书

一、活动缘起

这段时间,班中儿童对汽车、地铁、高铁等交通工具很感兴趣,除了在幼儿园和家中阅读相关书籍外,还经常与同伴侃侃而谈。另外,中班儿童对于童话世界、探险类主题活动非常感兴趣,本书中的"藏宝地图"正是源自于交通地图,吸引着儿童的阅读兴趣。因此,我班儿童对《我的地图书》兴趣浓厚,愿意一遍又一遍翻阅,还能主动和周围同伴探讨、交流。

二、挖掘价值

《3—6岁儿童学习与发展指南》中指出"艺术是人类感受美、表现美和创造美的重要形式,也是表达自己对周围世界的认识和情绪态度的独特方式。每个儿童心里都有一颗美的种子,我们要丰富其想象力和创造力,引导儿童学会用心灵去感受和发现美,用自己的方式去表现和创造美"。《我的地图书》是一本极具美术创意的图画书,它摒弃了传统意义上地图的绘制方式和法则,将地图的概念扩大延伸,融入儿童的生活经验,用鲜艳丰富的色彩和近似涂鸦的质朴笔触,画出了十二张风格鲜明的地图。《3—6岁儿童学习与发展指南》中还指出"根据幼儿的生活经验,与幼儿共同确定艺术表达表现的主题,引导幼儿围绕主题展开想象,进行艺术表现"。在这本图画书中,体现了两大重要的美术要素,即表达表现与大胆想象。作者大胆运用儿童独有的线条、符号、造型等来表现这些地图的内容。儿童通过一遍遍的画面观察与自主阅读,不断理解这些地图所表达出的独特内容。在各式各样的地图里,呈现出儿童的观察角度,迸发出精彩的想象。

三、活动目标

了解地图是用不同标记、形式或符号来绘制和表达的；

感受地图给生活带来的便捷和重要性。

四、情境相融

在第一次集体阅读图画书的过程中，儿童投入、专注，仔细地翻阅着每一页。在"阅读一刻"时间、自由活动、来园等碎片化时间里，儿童都会去主动翻阅这本图画书。

阅读分享会上，大家介绍了自己最喜欢的一幅地图，并且用投票的方式，评选出了"中一班最受欢迎地图"。随后，他们跃跃欲试，初次尝试绘制了家附近的地图、数字地图、形状地图等，体会到了自由创造与发挥的乐趣。

书中有一页讲述了肚子地图。每读一次，他们都会被"肚子"里的美味食物所吸引。有的说："我也要画好吃的肚子地图！"于是，他们俩俩结对，相互采访，记录下各自喜欢吃的食物。然后，一人身穿反穿衣，一人身着透明雨披，由身穿反穿衣的儿童在对方胸腹部的位置（约为胃、肚子的位置）用颜料绘画出好朋友爱吃的各种食物。完成之后，两人交换进行（见图2-12）。

在平面绘画班级地图的基础上，儿童提出想要制作立体班级地图。由此，"插板式班级地图"应运而生。他们将班中的各活动区域、各方位的物品绘画下来，粘贴于插板上，并将此插板插于插板桌相应的位置，形成班级立体地图。这个活动之后又以同样的形式展开绘制"自家小区地图"和"我家的地图"。儿童边想边画出自家小区里有什么？这些地方在什么方位？并将画好的插片插于插板桌上，形成立体小区地图。"我家有好几个房间""我房间里有大大的地毯，进门的地方有拖鞋"，大家的房间各有特色。他们利用洞洞纸盒，先画再贴，制作属于自己家的地图。

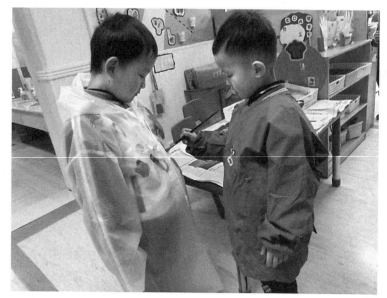

图 2‐12　幼儿互相绘制肚子地图

　　说起"爱好"，他们滔滔不绝。记得在第一次尝试绘制地图时，就有儿童画出许多自己爱做的事情：拍皮球、和爸爸去打篮球、去游乐场玩……他们认为，自己喜欢的事情也要像书本里一样，画在大大的爱心地图里。他们向老师寻求帮助：做一个大大的爱心。紧接着，他们有的画，有的剪，有的贴，绘制出一幅幅"爱好"地图。

五、成长足迹

　　《幼儿园教育指导纲要》指出"幼儿教师应成为幼儿学习活动的支持者、合作者、引导者"。在"以儿童为本"的思想指导下，关注儿童终身发展，要会学习、自主学习、合作学习。教师不再作为知识的权威传递知识给儿童，儿童也不再作为知识的接受者被动学习，而是要带着兴趣、已知的经验，与客观世界对话，体验知识产生的过程。本次活动中，教师的身份明显发生了改变，所有生成的内容皆源于儿童的兴趣，围绕儿童的生活经验产生。通过集体阅读、自主阅读、阅读讨论会的形式，教师静静聆听儿童内心的想法,如感兴趣的地图、我最爱的地图投票等等。在地图绘制初体验的时候,教师没有给予儿童任何的主观引导或提示,完全由儿童来决定自己想要设计的地图:有的画下了爱心地图;有的绘画了家附近地图;还有的对数学感兴趣,画下了 10 以内单双数地图……儿童通过前期一次次的尝试,衍生出了更多各种各样的地图:"我想做我的班级地图""我喜欢画房子地图""我要搭马路、设计汽车,把马路弄得热闹!"随着他们迸发出的无限想象,教师开始做参与者和配合者,提供与制作儿童需要的材料,调整儿童觉得操作不便的材料;当他们在操作发生困难时,助他们一臂之力,而不是包办和替代。教师默默地在儿童的身后做支持者和推进者,这才是最重要的。

（上海市嘉定区实验幼儿园　李立勤　王珏逸）

第三章

"慧阅读"课程的资源整合

资源是课程开发的基本条件。图书馆的空间再造、图书角的全新设计、图书资源的合理分配、家长资源的巧妙介入、社区资源的深度挖掘,是"慧阅读"课程的资源整合智慧。依托资源革新,"慧阅读"课程的实施环境及课程内容得以激活,有利于促进了儿童的全面发展。

第一节　图书馆的空间再造

图书馆的创设有三个原则：以始为终，从心而动，因研而设。

一是以始为终。"始"包含两层意思，一是指以儿童的需求为出发点和落脚点，因为这是儿童的图书馆，所以在创设之前我们先通过访谈调查，了解儿童的需求后再进行环境创设；二是指创建儿童图书馆的目的就是为了给儿童打开一扇阅读之门，激发阅读兴趣，培养阅读习惯，提高阅读能力，为把儿童培养成为终生的阅读者奠定基础。

二是从心而动。在图书馆的图画书中占最大比例的是情感类图画书。在这个类别的版面上，儿童画的是一群儿童围着一颗大大的"心"，表示这些书都是和爱的主题息息相关的。情感类的图画书涵盖了儿童生活中的方方面面，我们根据调查以及结合儿童的生活经验，将这些图画书分成了十五个小主题，如我爱我家、保护牙齿、情绪管理、环境保护、战胜恐惧、面对死亡等，并贴上儿童自己设计的标记，便于他们查找。

三是因研而设。为了解儿童的阅读行为，包括兴趣取向、性别差异等，了解每本图画书的受欢迎程度，我们在图书馆中增添了一套电子录入系统，儿童在借书的时候只要将自己的借书卡和书本放在电子台面上，系统就自动生成了数据，并纳入数据库进行统计。这些数据为我们开展教学研究、图画书采购等工作提供了依据。

除了遵循三个原则，图书馆活动一般有以下四步实施流程。

第一步，调研。6月底，我们以个别访谈的形式对中大班儿童开展了"儿童图书馆环境创设小调查"（我们的图书馆主要供中大班儿童使用），以便了解儿童的经验、视角和需求。以下是调查的主要内容：你想看什么样的书？你喜欢怎样看书？来到图书馆，你最想干什么？你喜欢什么样的图书馆？

第二步，设计。根据调查结果，我们进行了汇总分析，形成了图书馆的设计思路（见表3-1）。

表 3－1 "我喜欢的图书馆"调查结果表

问　题	儿童的需求	我们的设计
你想看什么样的书？	我喜欢看关于动物的书。 我喜欢关于科学的书。	提供认知类的图画书,内容以认知、科常为主。
	我喜欢看故事书。	增加故事类图画书的数量。
	我想看好玩的书。	提供游戏类图画书,内容以找物、拼图、走迷宫为主。
你喜欢怎样看书？	我喜欢和我的好朋友一起看书。	创设窗边可供两人或三人一起看书的小长椅。
	我喜欢抱着毛绒玩具看书。	提供图画书内角色的抱枕和毛绒玩具。
	我喜欢趴着看书。	提供大大小小的地毯供儿童趴着、坐着看书。
来到图书馆你最想干什么？	我最想看好看的书。	提供各种种类的图画书。
	我想要把破掉的书修好。	创设"图书小医院"供儿童修补图书。
	我喜欢看着书编故事。	创设"出版社",供儿童创编图书。
	我想把自己看到的故事表演出来。	创设表演区,供儿童表演书上或自创的故事。
你喜欢什么样的图书馆？	图书馆应该有很多很多书。	提供 5 000 余本图画书。
	我想要一个安静的图书馆。	创设"小贴士"提示版面,提醒儿童遵守图书馆规则。
	我有的时候不想看书,想要听故事。	创设"视听区"供儿童听故事。
	我想要快点找到自己想看的书。	1. 请儿童设计图书馆平面图。 2. 请儿童为每一类图画书绘制小标签,在每一本书上贴好小标签,方便儿童借书和还书。

　　第三步,实施。我们将图书馆分为五大功能区域:阅读区、表达表现区、视听区、分享区和服务站(见图 3－1 与图 3－2)。

　　阅读区——阅读区占据了图书馆空间的 3/5,按内容性质又分为五个小区域:中国原创图画书、情感类图画书、认知类图画书、游戏类图画书和儿童哲学类图画书。中国原创图画书区均为华人原创图画书,其中包含了历届丰子恺儿童图画书奖获奖作品;情感类图画书区是除了中国原创以外的故事类图画书;认知类图画书区主要涉及

图 3-1　图书馆布局图

科学常识、自然生物、社会生活等方面的图画书；游戏类图画书区主要投放的是寻物、拼图和走迷宫等可操作、互动性强的图画书；儿童哲学类图画书主要是给儿童带来思维上的挑战，包括具备引发儿童讨论和辩论的图画书。

表达表现区——满足儿童根据图画书中的故事进行表演。由于儿童每周去图书馆的时间只有 45 分钟，为了让他们能较快地投入到表演中，我们可以这样做：环境创设结合儿童近期阅读兴趣浓厚的图画书，创设相关故事场景；提供半成品的道具，便于儿童在短时间内完成道具制作并开展表演活动；儿童可将在班中制作的道具带到表达表现区进行表演。

视听区——在此区域中投放点读笔、创设互动电视墙等，满足儿童多元阅读的需求。

分享区——在此区域中，我们可以组织儿童开展集体欣赏、分享交流和小组讨论。

服务站——这个区域包含儿童借阅平台和供儿童修补图书的"图书小医院"。

在图书馆环境的创设过程中，我们有目的地投放装饰物，如毛绒玩具、靠垫、地毯等，使图书馆环境变得温暖温馨，为儿童营造轻松的阅读氛围。我们结合图画书中的角色选择玩具，让儿童挑选喜欢的角色或场景定制抱枕。这些玩具和抱枕还可以作为儿童表演活动时的道具。

我们始终让儿童参与其中，共同设计制作版面、分类标签，制定图书馆公约等，建立儿童的小主人意识。

图 3 - 2 图书馆阅读区、视听区、图书医院、图书出版社图

第四步,试用和调整。初创完毕,我们邀请中大班的儿童进入图书馆,开展了大家来找茬的活动,儿童从自己的视角来发现图书馆存在的问题。根据儿童发现的问题,我们再次做了分析和调整。(见表 3 - 2)

表 3 - 2 调整表

中班儿童找的"茬"	我们的调整
羊没有眼睛,我觉得不漂亮。	我们请儿童在小羊和小鹿的头上贴上眼睛。
如果黑板(电子白板)上有好看的图案就更好看了。	在电子白板上做一些装饰。
"认知类"版面上只有小女孩没有小男孩,我觉得不好看。	在"认知类"版面上贴上小女孩头像。
桌子放在书柜边上有点挤,最好放在中间一点。	将桌子移到相对空旷一点的地方。
柜子边上的小路(通道)有点窄,小朋友走路不方便。	将柜子重新搬动,为儿童留出更宽的通道。

续　表

大班儿童找的"茬"	我们的调整
天气冷了,在大树书架下面可以放一些垫子,让容易感冒的朋友们坐。	在树形书架下铺上垫子。
阁楼上可以再放一些书。	阁楼上本来要创设视听墙的,但是在还没有完工的情况下可以投放一些书本,让喜欢安静的朋友们在阁楼上阅读。
大树书架可以再做一些装饰,比如贴一些真的树叶。	在树形书架上放一些吊饰。
桌子上的绿萝太多了,不太好看。	将绿萝分散摆放。
椅子上不适合放靠垫,放了靠垫小朋友就没有地方坐了。	将靠垫放置在椅子旁边,供需要的朋友使用。
小羊和小鹿架子上也可以放一点书。	在小羊和小鹿上放置图书和装饰品。
书柜上面可以再放一点装饰品,有点空。	在书柜的柜面上添置小装饰品。

目前,图书馆已经投入使用,深受儿童的喜爱(见图3-3)。我们投放了小读者意见箱,继续搜集儿童的想法,并持续对图书馆进行调整和优化,使图书馆真正成为儿童喜欢的样子。

图3-3　师生利用图书馆开展活动图

第二节　班级阅读环境创设

幼儿园是儿童白天的家,而班级则是儿童一天中最重要的活动场所。要让阅读融入儿童一日活动的各个环节中,通过与环境的互动激发儿童的阅读兴趣,培养儿童的阅读习惯,提高儿童的阅读能力。因此,班级阅读环境的打造至关重要。经过几年的研究、思考与实践,我们结合本园实际取得了班级阅读环境的实践经验。

创设可以引发儿童阅读行为的班级环境,它由两个维度组成。第一,心理维度,即随时读。儿童只要有时间、有意愿,随时可以去取书阅读。第二,物质维度,即有书读。班级里的每个区角都有丰富的、适合的阅读材料可以阅读。

在创设班级阅读环境时,我们通常需要把握以下四个原则。一是全覆盖,每个区角都可以投放阅读材料,包括图画书、有声读物、自制资源手册等。二是适宜性,基于儿童的需求,结合不同的区角功能,投放适宜的阅读材料。三是丰富性,选择各种材质、种类的阅读材料。四是多元化,根据班级不同区角的特质,为儿童的阅读活动提供多元化记录和多途径表达表现的支持。

我们将通过若干个具体的阅读区方案进一步阐明班级阅读环境的创设要点。

一、语言区

(一) 区域设置及创设要点(见表 3-3)

表 3-3　语言区区域设置及创设要点表

区域设置	材料与功能	创 设 要 点
看书区	纸质书	1. 要包含情感类、认知类、游戏类这三类绘本。 2. 可配备沙发、软垫等,为儿童提供舒适的阅读环境。

续　表

区域设置	材料与功能	创　设　要　点
听书区	故事分享器	录有和绘本配套的故事
	配有点读笔的电子书籍	包含具有点读功能的自制电子书
表达区	记录问题	1. 创设问题版、故事版为儿童的记录提供保障。 2. 各种记录纸、油画棒、记号笔
	好书点赞	1. 好书点赞版面 2. 自制点赞玩具
	自制图书	1. 图书制作的步骤 2. 各种制作图书的材料(纸、笔、双面胶)
修补区	剪刀、固体胶、透明胶带、废旧材料	提供一个区域，将破损的书收集起来，便于儿童进行简单的图书修补

(二) 阅读区方案

方案一：好书点赞(中班)

设计思路：

在儿童有了初步的阅读兴趣以后,教师要有意识、有目的地引导儿童进行阅读。通过好书点赞活动进一步激发儿童的阅读兴趣,关注儿童的阅读习惯及对图画书的理解、表达等。

操作要点：

第一阶段：准备阶段,即了解儿童的需求,进行经验准备。第一,在图书馆活动后组织儿童开展讨论,问问他们最喜欢看什么书? 教师据此梳理出儿童喜欢的书籍类型。第二,图书大收集,每个儿童挑选自己家中最喜欢的三本书,带来幼儿园。教师组织儿童对图书进行分类,根据种类贴上标签,进行编号,准备图书上架。第三,图书上架,在阅读区设置一个专属书架,将与儿童一起收集来的图书上架。第四,布置点赞专区,提供点赞贴纸,准备开展点赞活动。

第二阶段：活动阶段，即解读点赞版面，理解活动规则。每周利用自主阅读、个别化学习活动、自由活动等时间开展阅读和点赞活动。

第三阶段：交流、表达表现阶段。第一，在活动过程中定期评选最受欢迎的图书。通过统计每本图书的星数，产生最受欢迎的图书。并组织交流分享，请儿童分享自己的想法。第二，好书推荐会，儿童向大家推荐自己喜欢的图书，在此过程中，提高儿童对图书内容的进一步理解及语言表达的能力，同时激发全体儿童对新图书的兴趣。第三，在学期末开展图书涂鸦活动。涂鸦是儿童在阅读后对图书理解的一种表达形式。儿童在涂鸦的过程中回忆阅读过的图书内容，在一种自由的、开放的状态下记录下对图书的理解和感受。

方案二：100层的房子（大班）

设计理由：

大五班的小书房里有许多好看有趣的图画书，师生们开展了好书排行榜活动，《100层的房子》就是其中的一本。于是，教师利用阅读区开展了相关活动。

实施流程：

围绕着《100层的房子》我们开展了集体阅读、阅读讨论会、好书创想、我们的"100层"的系列活动，从多角度入手，激发儿童的学习主动性。

阅读讨论会：通过阅读讨论会，儿童针对图画书提出了自己的问题，"为什么多奇要去100层房子？为什么每一层都不一样?"等问题。最后，儿童围绕着"我喜欢，因为……"，来表达自己对《100层的房子》的理解。

好书创想：儿童在画纸上画出他们心中的故事结尾，作为老师的我们在作品展示的时候选择了竖版的呈现方式，外形做成了房子的形状，深受儿童喜爱。

我们的"100层"：我们利用废旧纸箱，在不同的箱子面上挖出洞洞，模拟了蜂巢的样子，儿童通过美术活动用橡皮泥制作了蜜蜂的家。有的儿童特别喜欢搭乐高，他们利用个别化学习活动的时间在小工地里为蜜蜂的房子搭建了电梯并陈列在我们的纸箱上。

二、表演区

(一) 区域设置及创设要点(见表 3-4)

表 3-4　表演区区域设置及创设要点表

区域设置	材料与功能	创 设 要 点
准备区	1. 废旧材料 2. 工具书	1. 需要有一个"小舞台"的区域 2. 准备区里应呈现摆放多种多样的道具、音乐等 3. 为绘本剧表演、歌舞表演等各种表达表现提供物质上的支持 4. 有一个制作道具的区域
表演区	绘本表演:基于儿童兴趣的可以进行表演的绘本内容	1. 需要有和绘本内容相匹配的表演场景 2. 绘本故事表演的道具
	剧本表演:儿童自主创编的表演剧本	1. 与之相匹配的表演场景 2. 儿童自制的表演道具

(二) 阅读区方案

方案一:母鸡萝丝去散步(中班)

我们以《母鸡萝丝去散步》的图画书阅读为例,开展故事导读、自主阅读、阅读分享会、亲子阅读、阅读辩论会等一系列阅读活动,并持续为儿童提供多种形式的支持,让儿童尽情地体验和探索,在自主的状态下主动建构知识与经验。

在自主阅读、自由活动时,我观察到有的儿童有了表演故事的想法。他们会用动作模仿故事中的动物形象,学一学故事中的情节。于是,我顺水推舟地引导儿童来演一演。主要实施流程如下:

第一,开展讨论,组织儿童展开了讨论"演一演需要哪些准备?"最后,他们决定分成"道具组"和"表演组",分头进行表演的准备工作。

第二,分头准备,分为表演组和道具组。表演组:表演组的儿童通过自荐竞选的方式确定角色,并自发地开展排练的工作。在排练的过程中,儿童认真地对照故事画面,协调出场的顺序和动作表现。回到家中,还会主动寻求爸爸妈妈的帮助,如:怎么样演才能更像呢?寻找现成的符合角色身份的衣物、饰品等。道具组:道具组的儿童则在美工区活动时,在老师的帮助下,运用画画、剪剪、贴贴的方式,制作了相关的故事场景、表演道具、动物头饰。

第三,登台表演。通过讨论,我们决定首先邀请中一班来观赏表演。表演的那天,根据约定的时间,儿童催促我早早地带他们来到图书馆进行准备。他们布置场景,戴上头饰,穿上表演服,等待小观众们的到来。表演的过程中,小演员们无比投入,大家根据旁白的提示有序地出场、表演。演出结束,小观众们热情地鼓掌,脸上洋溢着幸福的笑容。这一刻,他们收获的不仅是阅读带来的快乐,更是主动探索与合作的体验。

演出大获成功,兴奋无比的儿童觉得光演给一个班级看还不够。于是,在我的支持和帮助下,他们邀请了小班的弟弟妹妹观看表演,演出的场地也由图书馆升级到了欢乐剧场。面对台下坐得满满当当的小观众们,他们更加卖力地表演。

方案二:快乐的小舞台(大六班)

最近班级里最火的书就是《上面和下面》了,故事里狡猾的兔子和懒惰的大熊间发生的有趣故事十分吸引儿童。特别是在进行阅读讨论会后,儿童对于大熊和兔子一家有了很多的争论,也产生了续编故事的欲望。于是儿童利用个别化学习活动和图书馆活动时间在"出版社"和"编辑部"里进行故事的创编。故事创编好了,儿童在自由活动的时间里和小伙伴们玩着《上面和下面》的扮演游戏,但是教师发现自由活动由于时间的限制和人员的分散,没有办法满足儿童表演的欲望,这该怎么办呢?

教师和儿童进行讨论,决定在图书馆里的表演区一起创设环境,制作需要的道具,儿童可以在图书馆的编辑部里完善剧本,然后在表演区自主地排练他们的《上面和下面》。

实施流程:

有一组儿童预约在小剧场里进行排练,他们在看过上一组的表演后,讨论决定要续编后面的故事,于是他们在编辑部里先进行创编,并请教师给他们记录下需要的台词。然后拿着新的剧本,开始进行角色分配和排练。

最后分享时,他们比较熟练地将整个故事表演出来,获得了同伴的掌声,五个人十分高兴(见图3-4)。同时,同伴们也提出了一些建议,比如:大熊在被欺骗了几次后应该很生气,要表现出来;兔宝宝总是在说话的时候乱跳,说话的时候应该像个演员一样不能乱动;导演念得很快,演员来不及表演……

图3-4　故事表演

面对同伴的建议,小演员们表示还需要继续努力排练,把《上面和下面》表演得更加精彩!

三、其他区角

(一) 区域设置及创设要点(表3-5)

表3-5　其他区角区域设置及创设要点表

区角名称	阅 读 材 料	创 设 要 点
美工区 探索区 建构区 种植区	1. 基于不同层次儿童学习的需求,要提供可以提升技能、开拓视野的工具书或图谱。 2. 根据儿童当前兴趣,要提供和当前主题有关的书或图谱。	1. 选择与区角内容相匹配的书本。 2. 书本内容易于让儿童进行模仿创作(如美工区和建构区)。 3. 根据儿童的活动进程及时更新书本。

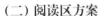

(二) 阅读区方案

方案一：美工区

设计理由：

基于差异,提供适合不同儿童能力的技能类书籍;

结合热点,提供满足继续表达需求的热点类书籍;

开拓视野,提供引发多种创意表达的创意类书籍。

材料投放：

1. 技能类书籍

单页画面：根据主题内容和儿童的年龄特点挑选相关的折纸、线描、创意制作类的页面,通过拍照、编辑、打印等过程,制作成单页的操作步骤图,展示在美工区周围的墙面上、柜子上、桌面上。儿童根据自己的需要选择,并根据单页步骤图上的提示,挑选适合的材料,按照步骤进行美工活动,或剪、或折、或画等。

整本书籍：提供整本的书籍,儿童根据自己的需要在书中搜寻相关内容,进行美工制作活动。

2. 热点类书籍

(1) 主题书

根据主题内容,挑选适合的主题书,投放在美工区中,满足儿童单纯模仿、根据集体活动内容继续进行表达的需要。如：提供《我妈妈》《我爸爸》,满足儿童绘画家人,表达自己与家人之间的亲密互动的情感的需要;提供《各种各样的汽车》,满足儿童继续观察、绘画各种汽车的需要。

(2) 探索书

结合探索活动或儿童近阶段感兴趣的内容,提供相应的书籍。如：提供《小青虫的梦》《苹果与蝴蝶》《蜗牛》,让儿童更清晰地观察蝴蝶和蜗牛的外形特征,了解它们的生活习性、生长变化,支持他们继续研究蝴蝶和蜗牛。

3. 创意类书籍

图画书中美工创作的形式多种多样,开拓了儿童的视野,激发了儿童的创意表达欲望。如：剪贴书《好饿的毛毛虫》《田鼠阿佛》《云朵面包》、单色画《北冥有鱼》《寻猫启示》、剪纸类的《虎年的礼物》、撕贴类的《小蓝和小黄》、版画《在森林里》等，都能带给儿童新的创意。

方案二：建构区

设计理由：

班级儿童特别喜欢看的三本书是《地下100层的房子》《海底100层的房子》《100层的巴士》，这套充满想象力的图画书，带儿童游走四方，更激发了儿童的想象力，与儿童一起读或者让儿童自己读都很有意思，最大的惊喜来自大拉页，每一本书都足足画了100层！

有的儿童在建构区活动时表示"我也要搭100层的房子！""我要在这层楼里造一个游乐场"等。通过阅读，儿童建构的欲望和想象被激发了，于是我们开始在建构区投放了相关图书供儿童选择。

实施流程：

1. 提供书籍

在了解了儿童的需求和兴趣后，我们在建构区中投放了适合儿童阅读水平的、能促进儿童建构行为的书籍，如《地下100层的房子》《海底100层的房子》《100层的巴士》《忙忙碌碌镇》等。

2. 儿童阅读

儿童根据自己在建构区中的需要，自由地翻阅书籍，从中汲取灵感，发挥想象创造进行建构。

3. 交流分享

儿童搭建的作品中不仅仅只有简单的模仿作品，还出现了各种各样的作品。虽然有一些作品因为儿童的能力问题并不是与实物非常接近，但是在分享交流的过程中，儿童非常投入地介绍自己的作品，儿童的创造能力、语言表达能力等都得到了发展（见图3-5）。

图 3-5 建构区

方案三：探索区

设计维度：

1. 教师预设

基于当前的学习主题，根据个别化学习区域内的材料，投放相应的阅读材料。

操作步骤图：教师根据相关的操作材料，自制简单的步骤图。儿童通过阅读步骤图，能了解材料的操作过程和简单玩法。

操作说明书：提供相关材料的说明书，儿童查阅说明了解材料的数量、操作过程和方法。

记录纸：教师将儿童的记录纸张贴在版面上，儿童平时可以通过阅读同伴的记录纸，丰富自己的操作经验。

2. 儿童生成（以探究昆虫为例）

（1）缘起

随着气温和湿度的上升，许多小昆虫都出来活动了，而且种类比较丰富，儿童的兴趣都聚焦在大自然的小昆虫上。我们就通过开展集体活动，并在探索区投放相应的阅读材料,为儿童的探索行为提供支持。

（2）流程

① 了解已有经验

为了唤醒儿童对于昆虫的已有经验,了解儿童对于昆虫的求知内容与方向,我们请家长协助儿童一起完成了昆虫调查表(见表 3‑6),并组织儿童开展阅读和分享。

表 3‑6　昆虫调查表

姓　　名	是否敢抓昆虫？	你认识的昆虫有哪些？	关于昆虫你想问？

② 开展集体阅读

为了增加儿童对昆虫的认知和经验,我们组织儿童进行了集体阅读《各种各样的昆虫》,图画书里有各种各样昆虫的简介,如外形特征、喜好及爱吃的食物等,通过集体阅读,儿童了解了昆虫的外部主要特点。

③ 投放相关书籍

根据儿童对昆虫的兴趣和探究欲望,我们在探索区投放了相关的书籍,如儿童对瓢虫的壳有兴趣时,我们投放了《诞生了,瓢虫!》。儿童通过阅读,了解到很多昆虫都会有脱壳的阶段,是因为原先的壳对幼虫的成长很不利,它限制了幼虫身体的长大。小朋友们童趣地说:"虫子长大了,就要脱壳,就像我们长大了要穿大的衣服一样!"在儿童对蚂蚁感兴趣时,我们又投放了《蚂蚁日记》等有关的书,儿童阅读后,发现蚂蚁有很多不同的分工,有的负责抚育小蚂蚁,有的负责繁衍后代,有的则专门运粮食回蚁穴。而想要了解更多关于昆虫的秘密的,则可以翻阅《十万个为什么(昆虫)》。

④ 支持探索行为

儿童的阅读对象应该是多方面的,不仅阅读纸质的书本,也要阅读户外的自然事物(见图3-6)。我们鼓励儿童将在户外看到的感兴趣想要研究的昆虫带到教室，于是儿童在早锻炼后都会用专门的昆虫收集器将昆虫带回教室,在教室里我们提供了放大镜、记录纸等,供儿童继续探索和研究。儿童每天都会去观察瓢虫,记录它的变化,并发现了瓢虫一动也不动的秘密。通过小实验我们发现蚂蚁喜欢吃甜的食物等。

图3-6 儿童对昆虫的探索

方案四：种植区

设计维度：

1. 提供不同维度的阅读材料,引导儿童管理观察

(1)非主题阅读材料

管理公约图：在自然角担任管理员究竟要做些什么？通过读图就知道了。

养护知识图：怎么才能让植物生长得更好呢？我们通过量化的形式,帮助儿童了解不同的植物需要浇多少水,如：绿萝一次可以浇一杯水,而多肉只浇半针管等等。通过每个儿童为一盆植物制作养护须知,儿童在日常照料植物的过程中,也慢慢知晓植物对水分的不同需求。

（2）主题阅读材料

秋天来了,儿童发现自然角内植物的叶子有的变黄发黑,有的掉落了。他们纷纷讨论起来:"快看,这盆植物的叶子都掉下来了!""这片叶子有的地方有点黄,有的地方有点红""咦,为什么一盆植物有的叶子掉了,有的没掉呢"……

所以,教师就和儿童围绕"叶子"开展了一个小主题活动。自然角为儿童提供了相关的阅读材料。

① 认知类绘本

我们在自然角中投放了放大镜、记录纸和一些与树叶、植物相关的书籍,如《101个植物的实验》《叶子真奇妙》等,拓展他们的视野,引发新的兴趣。例如儿童在《叶子真奇妙》中发现了叶脉书签的制作方法,产生了浓厚的兴趣。于是我们共同收集材料、尝试制作,儿童在动手操作中进一步积累了对叶脉的认识。

② 情感类绘本

我们投放了与生命相关的绘本《一片树叶落下来》,启发他们以一片树叶的视角去观察这个世界,初步感知生命存在的意义。正因为有了对生命的理解,儿童照顾自然角中的植物时也更加细心了。

2. 提供不同形式的记录材料,引导儿童多元表达

（1）每日观察,记录点滴

在每日的自然角活动中,儿童不仅仅是动植物的照料者,他们还是细心的记录员。儿童以符号、图画的形式记录下自己每日的发现,形成一本本观察记录本。"水仙花和大蒜究竟有什么区别?"围绕这个问题,儿童进行了为期两个多月的对比观察与记录,最终以思维导图的形式呈现了他们的经验。

（2）大师引领,爱上写生

在自然角中,除了将每天看到的、做的事情进行记录,写生画也是儿童最喜欢的活动之一。我们给儿童提供了梵高、莫奈等大师的花卉作品,鼓励他们模仿大师的作品,画出属于自己的一幅幅大作。

四、亲子阅读区

（一）区域设置及创设要点

表 3-7 亲子阅读区区域设置及创设要点表

区域名称	阅读材料	创设要点
图书漂流站	经典图画书	选择适合儿童的年龄特点和阅读能力的图画。
	漂流书袋	儿童自主装扮个性化的漂流书袋，也可亲子合作完成。
	漂流手册	在漂流手册中注明漂流规则。
	好书推荐版面	在漂流版面上张贴学期漂流书目、本期推荐图画书、亲子阅读互动内容等。
亲子阅读区	图画书 立体书 布书 有响声的书	1. 在走廊中平均分布各具特色的亲子阅读区域。 2. 根据主题或季节特征更新图画书。 3. 根据需要创设老师或亲子共同推荐书本的版面。

（二）阅读区方案

1. 图书漂流活动

图书漂流活动是指通过在幼儿园、家庭（或儿童）之间传递儿童图画书，分享优质儿童图画书资源，交流亲子阅读经验和方法，促进家庭亲子阅读指导能力，促进3—6岁儿童早期阅读的兴趣和能力的活动。

我们的图书漂流主要的漂流方式为：选择图画书——建立班级书库——教师创设图书漂流站——家长和儿童根据书目选择图书并登记——放漂——收漂——亲子阅读——回漂——下一个家庭循环……

图书漂流是一个循序渐进的过程，随着漂流体验的深入，在各个年龄阶段可有所侧重：小班以培养兴趣，熟悉图书漂流流程为主；中班侧重多种图书阅读体验，尝试亲子记录漂流手册；大班阶段阅读多种题材的儿童图书（如散文、诗歌、漫画、游戏书、科学知识类图书等），在漂流手册中个性化地表达自己的阅读体验。

2. 小班亲子阅读区的创设

活动由来：

通过问卷调查的方式了解了小班儿童的亲子阅读现状,发现 77% 左右的家长每天的亲子阅读时间不固定,仅有 23% 的家长坚持每天给儿童讲故事;45% 的家长在陪伴儿童阅读的时候同时也在看手机、做家务等。我们决定在小班走廊里创设亲子阅读区,除了让家长们专心陪伴儿童阅读外,还通过版面布置等方式指导家长有效地开展亲子阅读。

活动过程：

第一阶段：选择适合小班儿童年龄特点的亲子阅读主题。经过研讨,我们确定了以下的亲子阅读主题：

各种各样的书：提供立体书、布书、有响声的书等,旨在激发儿童对书的兴趣。

故事小剧场：将图画书中的角色制作成手偶,请儿童在老师创设的小剧场中做做、演演。

亲子图书推荐：由儿童和家长共同推荐喜欢的图画书,包括自己在阅读过程中玩的小游戏、谈论的话题等。

好书点赞：老师和儿童每期共同推荐五本左右的图画书放在班级中,儿童通过集体欣赏、亲子阅读、自主阅读后,在班级中对自己最感兴趣的书进行投票,选出最受欢迎的书,布置成好书点赞的版面。

第二阶段：在确立了主题后,我们马上采购了合适的家具和图画书,布置温馨的各具特色的亲子阅读区。

第三阶段：布置完成后,我们根据主题的变化及时调整图书的内容和材料。

第三节　阅读资源的多维整合

从图书资源来说,"慧阅读"课程中所使用到的书具包括纸质的图画书、社会环境等阅读资源。在运用这些资源时,我们要落实以下几点:首先,发挥社会环境等阅读资源的价值,包括自然资源、社会资源和文化资源等(见图3-7)。其次,挖掘图画书资源的价值。每一本图画书都有其独特的价值,将图画书融入主题活动中,有助于丰富儿童的主题经验;将图画书融入项目化学习活动中,根据儿童的兴趣和需求及时提供相关的图画书,有利于支持儿童的探究行为;将图画书融入传统节日活动中以及相关的主题活动中,儿童能真实感受到中国文化的博大精深,并为自己是中国人而感到骄傲。"慧阅读"课程按照儿童的年龄特点将主题内的图画书资源进行了分类和整合(见表3-8)。

图3-7　在阅读过程中调动自然资源

其次,从活动资源来说。结合二期课改的主题活动,我们对幼儿园的图画书进行再梳理,同时充分利用幼儿园及周边资源梳理形成了"慧阅读"课程的资源(见表3-9),进一步拓宽了教师组织实施活动的视野,同时也能更好地帮助儿童积累相关主题经验和生活经验,让儿童在体验中感悟,也使活动变得物化、具体化和载体化,让教育变得既灵动,又可触摸。

表3-8 "慧阅读"课程各年龄段主题内图画书资源表

阅读自己

年龄段	内容	相关主题	关键经验	图画书支持
小班	我的身体	《高高兴兴上幼儿园》	能关注自己的五官与四肢。	《从头动到脚》《一步一步走啊》《走进身体里的洞》
小班	男孩女孩	《高高兴兴上幼儿园》	知道自己是男孩还是女孩。	《小鸡鸡的故事》
小班	爸爸妈妈好	《高高兴兴上幼儿园》	了解自己的家和家人·亲近父母以及长辈·以各种方式表达自己的情感。	《我爱我家》《我爸爸》《我妈妈》
小班	好朋友	《高高兴兴上幼儿园》	喜欢自己的朋友·体验与同伴一起活动的快乐。	《谁藏起来了》《你好》《小黄和小蓝》
中班	我们的脸蛋	《身体的秘密》	知道五官的名称·了解五官的作用。	《我们的身体里的"洞"》《千变万化的脸》
中班	小手小脚	《身体的秘密》	认识小手和小脚·愿意自己的事情自己做。	《会说话的手》《千变万化的手》《十个手指头和十个脚趾头》
中班	我们快快长	《身体的秘密》	认识自己的身体·具有保护身体的意识。	《我长大了》《我长大以后》《长大以后做什么》
中班	我的朋友	《幼儿园里朋友多》	了解自己是集体中的一员·关注同伴·乐意与同伴友好交往。	《小老鼠和大老虎》《我有个好朋友》《情愿出租》
大班	我是中国人	《我是中国人》	1.了解我国首都、主要名胜和特产·激发爱祖国、爱国旗的情感。 2.了解中国有名的人物和自己的事迹·为自己是一个中国人而自豪。	《汉字是画出来的》《老鼠娶新娘》《十二生肖》《手绘中国地理地图》
大班	我的身体	《我自己》	了解身体各个部位都会活动·会欣赏和保护自己的身体。	《肚子里的小人》《揭秘身体》《我的身体我知道》《脚》《牙齿大街的秘密》
大班	我和别人不一样	《我自己》	知道自己是一个群体中的一员·体验和大家做朋友的快乐。	《我的地图书》《你们都是我的最爱》《爱心树》《愿意出租》
大班	我会管理情绪	《我自己》	尝试用不同的方式表达自己的情绪·学习根据他人情绪·调节自己的行为。	《生气汤》《我的情绪我控制》

续表

阅读自然

小班				中班				大班			
内容	相关主题	关键经验	图画书支持	内容	相关主题	关键经验	图画书支持	内容	相关主题	关键经验	图画书支持
幼儿园—自然	《苹果和橘子》《小花园》	愿意接触自然角，种植园地，对周围的植物感兴趣。	《水果水果·咬一口》《蔬菜蔬菜·切一切》	幼儿园—自然	《在秋天里》	喜爱动植物，乐于参加种植活动，有对植物进行探究的好奇心和兴趣。	《来·闻闻大自然的味道中的树叶》《落叶跳舞》	幼儿园—自然	《春夏秋冬》《有用的植物》	观察园内小花园中各种花草树木的四季变化，进行一些简单的科学探索活动	《一片叶子落下来》《叶子想做什么》《植物的奥秘》
公园	《小花园》	认识常见的植物花卉。感受不同季节的特征和变化。	《花婆婆》《花园里有什么》	公园	《在秋天里》	1.认识常见的植物花卉，感受不同季节的特征和变化。2.观察公园内的房屋，设施，了解园内工作人员不同工作内容。	《花婆婆》《花园里有什么》	公园	《春夏秋冬》《有用的植物》	1.认识常见植物花卉，感受了解的特征和季节变化。2.观察了解昆虫，鱼鸟等的特征，巢穴，生活特性等。	《公园里的声音》《花婆婆》《树叶跳舞》《一片树叶落下来》
果园	《苹果和橘子》	认识常见的蔬果和家畜；尝试采摘蔬果，喂养小动物。	《爱吃水果的牛》《蔬菜水果的秘密》	果园	《在秋天里》《在衣场里》	认识常见的蔬果和家畜；尝试采摘蔬果，喂养小动物。	《爱吃水果的牛》《蔬菜水果的秘密》	果园	《有用的植物》	1.了解不同水果和植物式生长特征。2.体验种植和照顾植物，体会劳动的艰辛。	《跑跑镇》《一百层的草莓》《好吃的草莓》
动物园	《动物花衣裳》《小兔子乖乖》	喜欢亲近各种常见的动物，分辨动物明显的特征。	《我的连衣裙》《从头动到脚》《变色龙捉迷藏》	动物园	《在动物园里》	认识常见的动物，能够了解它们的区分外形特征，习性。	《大熊猫的秘密》《动物园之旅的秘密动物园》	动物园	《动物大世界》	认识不同种类的动物，观察不同动物的习性和活动方式。	《DK动物百科全书》《一百层楼的房子》《我家是动物园》《天生一对》

续　表

阅　读　社　会

班级	内容	相关主题	关键经验	图画书支持
小班	中国传统节日	《节日活动》	体验过传统节日的快乐。(春节,中秋)	《过车啦》《月亮的味道》
	菜场	《苹果和橘子》	参观菜场,认识常见的蔬菜,观察买菜过程。	《妈妈买绿豆》《蔬菜蔬菜切一切》
	社区		参观小区,知道高楼和小区里的各种设施。	《车来了》《我要去拉巴》
	韩天衡美术馆		参观美术馆,体验简单的绘画活动。	《马修的梦》《米菲在美术馆》
	……			
中班	中国传统节日	《节日活动》	知道自己是中国人,了解中国的几大传统节日。(春节,中秋节,元宵,重阳节)	《月亮的味道》《年》《春节啦》《过车啦》《元宵节》
	消防中队	《周围的人》	1.了解消防员日常工作内容,知道一些灭火、防火的方法。2.观察各种消防工具与消防车,体验做做小消防员。	《驼鹿消防员一天》《消防》《聪明豆绘本:我要当消防员》
	超市	《周围的人》	1.了解超市的货品、货架摆放的方法。2.尝试了解超市内工作人员的分工及职责。	《逛超市》《波波去超市》
	敬老院	《周围的人》节日活动	为老人表演,互动游戏,给老人讲讲故事等。	《可爱狮子各各》《长大做个好爷爷》《我爱爷爷奶奶》
	……			
大班	中国传统节日	《节日活动》	积极参与传统节日活动,了解各传统节日的习俗。(春节,元宵,清明,端午,中秋,重阳)	《小年夜》《打灯笼》《猜的礼物》《不是方方的》《圆的》《幸福的大桌子》
	嘉定博物馆,州桥老街	《我们的城市》	1.了解历史文化,萌发对家乡的热爱。2.体验感知博物馆的作用。	《博物馆之书》《木娃的博物馆》《来到博物馆》《小房子》《世界上最大的房子》
	图书馆	《我们的城市》	1.参观图书馆,了解书籍的分类摆放规则。2.体验不同阅读方式,激发读书的好奇探究心。	《图书馆的狮子》《爱书的孩子》
	小学	《我要上小学》	1.了解小学生上课、活动学习的场所和常识。2.观察小学生上课活动的情况,萌发做小学生的愿望。	《大卫上学去》《上学的第一天》
	……			

表 3－9 "慧阅读"课程配套资源表

阅 读 自 己		
主 题	关 键 经 验	图 画 书 支 持
《小宝宝》之"我的身体"	能关注自己的五官与四肢。	《从头动到脚》 《一步一步走啊走》 《身体里的洞》
《小宝宝》之"男孩女孩排排队"	知道自己是男孩还是女孩。	《小鸡鸡的故事》
《娃娃家》之"爸爸妈妈好"	了解自己的家和家人,亲近父母和长辈,以各种方式表达自己的情感。	《我爱我家》 《我爸爸》 《我妈妈》
《好朋友》之"找朋友"	喜欢自己的朋友,体验与同伴一起活动的快乐。	《谁藏起来了》 《你好》 《小黄和小蓝》
《身体的秘密》之"我们的脸蛋"	知道五官的名称,了解五官的作用。	《我们身体里的"洞"》 《千变万化的脸》
《身体的秘密》之"我的小脚丫""双手真能干"	认识小手和小脚,愿意自己的事情自己做。	《会说话的手》 《千变万化的手》 《脚丫子的故事》 《十个手指头和十个脚趾头》
《身体的秘密》之"我长大了"	认识自己的身体,具有保护身体的意识。	《我长大了》 《我长大以后》 《长大这件事》 《长大以后做什么》
《幼儿园里朋友多》之"我的朋友多"	了解自己是集体中的一员。 关注同伴,乐意与同伴友好交往。	《小老鼠和大老虎》 《我有友情要出租》 《好朋友》
《我自己》之"身体真有用"	了解身体各个部位都会活动,会欣赏和保护自己的身体。	《肚子里的小人》 《揭秘身体》 《我的身体我知道》 《脚趾头取名字》
《我自己》之"保护牙齿"	关注自己牙齿的变化,了解一些保护牙齿、防止蛀牙的方法。	《牙齿大街的秘密》 《牙齿,牙齿,扔屋顶》 《一颗超级顽固的牙齿》
《我和别人不一样》之"我在长大"	知道自己是人群中的一个,体验和大家做朋友的快乐。	《我的地图书》 《你们都是我的最爱》 《爱心树》 《我有友情要出租》

（小班／中班／大班 为左侧分组标注）

续　表

	主　题	关 键 经 验	图画书支持
大班	《我和别人不一样》之"我不生气"	尝试用不同的方式表达自己的情绪,学习根据他人情绪、表情,调节自己的行为。	《生气汤》 《我的情绪我控制》
	《我是中国人》之"首都北京"	1. 了解我国首都,主要名胜古迹和特产,激发爱祖国、爱国旗的情感。 2. 了解中国有名的人物和事迹,为自己是一个中国人而自豪。	《汉字是画出来的》 《老鼠娶新娘》 《十二生肖》 《手绘中国地理地图》

阅 读 自 然

	主　题	关 键 经 验	图画书支持
小班	《小花园》——"公园"	1. 参观公园,认识几种常见的植物花卉等,感受季节特征和季节变化。 2. 进行一些适宜的户外游戏,如放风筝、草地野餐等。	《小猪的野餐》 《蝴蝶公园》 《好饿的毛毛虫》
	《小花园》——"沥江果园"	1. 参观农场,认识几种常见的农作物和家畜,喂养小动物。 2. 亲近自然,尝试短距离远足。 3. 尝尝农家菜。	《水果跑啊跑》 《蔬菜水果的秘密》 《水果捉迷藏》 《水果水果咬一口》 《籽儿吐吐》
	《动物的花花衣》——"动物园"	参观动物园,认识几种常见的动物,了解它们的外形特征。	《小兔乖乖》 《脚步声》 《是谁嗯嗯在我头上》 《长长的》
中班	《春天来了》——"幼儿园"	观察园内小花园中各种花草树木的四季变化,进行一些简单的科学探索活动。	《我爱幼儿园》 《植物的奥秘》
	《春天来了》——"公园"	1. 认识常见的植物花卉,感受不同季节的特征和变化。 2. 观察公园内的房屋、设施,了解园内人员的不同工作内容。	《花婆婆》 《花园里有什么》
	《春天来了》——"沥江果园"	1. 认识常见的蔬果和家畜。 2. 尝试采摘蔬果,喂养小动物。	《爱吃水果的牛》 《蔬菜水果的秘密》
	《在动物园里》——"动物园"	认识常见的动物,能够了解并区分它们的外形特征、习性等。	《大棕熊的秘密》 《动物园之旅》 《我家是动物园》 《秘密动物园》 《天生一对》

续　表

主　　题		关　键　经　验	图画书支持
大班	《有用的植物》——"公园"	1. 认识常见的植物花卉,感受不同季节的特征和变化。 2. 观察了解昆虫、鱼鸟等的特征、巢穴、生活特性等。	《公园里的声音》 《花婆婆》 《树叶跳舞》 《一片树叶落下来》
	《有用的植物》——"沥江果园"	1. 认识常见的水果,了解不同水果的生长方式和特征。 2. 体验种植和照顾植物,体会劳动的艰辛。	《跑跑镇》 《草莓》 《揭秘农场》
	《动物大世界》——"动物园"	认识不同种类的动物,观察不同动物的习性和活动方式。	《DK 动物百科全书》 《一百层楼的房子》

阅　读　社　会

主　　题		关　键　经　验	图画书支持
小班	《娃娃家》——"菜场"	1. 参观菜场,认识常见的蔬菜,观察买卖过程。 2. 在游戏中玩一玩小菜场的游戏,尝试分类摆放、整理货架。	《妈妈买绿豆》 《蔬菜蔬菜切一切》
	《娃娃家》——"敬老院"	1. 参观敬老院,和老人互动游戏。 2. 给老人们讲讲故事等。	《幸福的大桌子》 《皮皮猪和奶奶》
	《娃娃家》——"社区"	1. 参观小区,数一数小区里的高楼。 2. 看一看小区里的各种设施。	《车来了》 《我要拉巴巴》
	《娃娃家》——"韩天衡美术馆"	参观美术馆,体验简单的绘画活动。	《马修的梦》 《米菲在美术馆》
中班	《寒冷的冬天》——"传统节日"	体验过传统节日的快乐。(春节、中秋)	《过年啦》 《月亮的味道》
	《周围的人》——"社区"	1. 观察社区内楼房的特征,了解小区内的各种设施及作用。 2. 认识身边社区内为大家服务的人(保安、居委会等)及其工作内容。	《忙忙碌碌镇》 《小房子》 《最温暖的家》
	《好吃的食物》——"新迎园工厂"	了解点心生产的流程,尝试 DIY 制作点心。	《小鸡球球变点心》 《红豆粥婆婆》 《黑猩猩的面包店》
	《周围的人》——"消防中队"	1. 了解消防员日常工作内容、生活情况,知道一些灭火防火的方法。 2. 观察各种消防工具与消防车,体验做小消防员的快乐。	《驼鹿消防员的一天》 《消防车吉普达》 《我要当消防员》

主　题		关　键　经　验	图画书支持
中班	《周围的人》——"菊园文化馆"	参观馆内各个场馆,了解其不同功用;观看作品展、舞台表演等。	《图书馆老鼠图画书系列》 《请安静,图书馆里有只金丝雀》 《大脚丫跳芭蕾》
	《周围的人》——"超市"	1. 了解超市的货品、货架摆放的方法。 2. 尝试了解超市内工作人员的分工及职责。	《逛超市》 《波波去超市》
	《周围的人》——"菜场"	1. 观察菜场的区域划分,认识常见的蔬菜、肉类等食物。 2. 观察菜场内叫卖的方式,尝试体验买卖。	《妈妈买绿豆》 《一园青菜成了精》 《我绝对不能吃番茄》
	《我在马路边》——"州桥老街"	1. 观察老房子的不同外形特征。 2. 认识嘉定地标建筑(法华塔)。	《小房子变大房子》 《世界上最大的房子》
	《周围的人》——"敬老院"	为老人表演;互动游戏,给老人们讲讲故事等。	《可爱的狮子爷爷》 《爷爷一定有办法》 《长大做个好爷爷》 《我爱爷爷奶奶》
	《周围的人》——"韩天衡美术馆"	参观美术馆各展厅,感受不同艺术作品的特点,体验简单的绘画活动。	《我的第一次艺术之旅》系列八册
	《寒冷的冬天》——"中国传统节日"	知道自己是中国人,了解中国的几大传统节日(春节、元宵、中秋节、重阳节)。	《月亮的味道》 《春节》 《年》 《过年啦》 《元宵节》
大班	《我们的城市》——"消防局"	1. 了解消防员的训练内容、生活情况、工作内容,知道消防员对人们生活安全的重要性,尊敬消防员叔叔。 2. 了解防火知识,参观体验各种消防器具的功能和使用方法,增强防火意识。	《消防站的一天》 《消防车吉普达》
	《我们的城市》——"嘉定博物馆"	1. 了解嘉定的历史文化,萌发对家乡的热爱。 2. 体验感知博物馆的作用(以教育、研究和欣赏为目的,收藏、保护并向公众展示人类活动和自然环境的见证物)。	《博物馆之书》 《木娃的博物馆》 《来到博物馆》系列三册

续　表

主　题	关 键 经 验	图画书支持
《我要上小学》——"小学"	1. 了解小学生上课、活动的场所和学习常规。 2. 观察小学生上课、活动的情况,萌发做小学生的愿望。	《大卫上学去》 《上学的第一天》
《我们的城市》——"图书馆"	1. 参观图书馆,初步了解书籍的分类和摆放规则。 2. 体验不同阅读方式,激发对书的好奇探究心理。	《图书馆的狮子》 《爱书的儿童》
《我们的城市》——"超市"	1. 参观超市,了解超市的物品分类摆放规律。能看懂物品的价格,尝试有计划地进行合理消费。 2. 观察了解超市工作人员(销售人员、收银员)的工作内容和工作方式。	《幸福小鸡逛超市》 《动物超市》
《我们的城市》——"菜场"	1. 观察菜场的分区,认识不同种类的蔬果、水产、肉类等。 2. 观察买卖过程,尝试购买计划中的物品。	《一园蔬菜成了精》 《蔬菜水果的秘密》
《我们的城市》——"社区"	1. 观察、了解小区中的公共设施及其作用。 2. 知道在小区中为我们日常生活服务的人(保安、保洁员、维修部、居委等),了解他们的工作内容和重要性。	《如果地球被我们吃掉》 《兔子先生去散步》
《我们的城市》——"永胜水厂"	1. 参观水厂的布局和设施,了解自来水生产的过程。 2. 知道水来之不易,有节约用水的环保意识。	《水宝宝旅行记》 《水先生的奇妙之旅》
《我们的城市》——"韩天衡美术馆"	欣赏不同种类、风格的艺术作品,提高艺术审美品位。	《揭秘美术》 《美术馆奇遇》 《我爱美术馆》
《我们的城市》——"敬老院"	1. 参观敬老院,为敬老院的老人服务,体验照顾老人,陪伴老人。 2. 激发社会责任感,继承敬老爱老的传统美德。	《楼上的外婆和楼下的外婆》 《爷爷一定有办法》

大班

续　表

主　题	关键经验	图画书支持
大班 《我是中国人》——"中国传统节日"	积极参与传统节日活动，了解各传统节日的习俗。（春节、元宵、清明、端午、中秋、重阳）	《小年兽》 《北京的春节》 《打花灯》 《元宵节》 《獾的礼物》 《不是方的不是圆的》 《中秋节》 《幸福的大桌子》

案例　3-1　我和章鱼先生一起卖雨伞

近期，我们正在开展主题活动"在动物园里"，为了丰富儿童的主题经验，我们提供了许多与动物相关的图画书，经过一段时间的观察，我们发现他们对图画书《章鱼先生卖雨伞》非常感兴趣，根据中班儿童的年龄特点，我们对图画书《章鱼先生卖雨伞》进行了以下解读：理解章鱼先生的伞与小动物们特征的关系；发现故事里各式各样的伞。

《3—6岁儿童学习与发展指南》中语言和艺术领域指出：4—5岁年龄阶段的幼儿喜欢把听过的故事或看过的图书讲给别人听；愿意用图画和符号表达自己的愿望和想法。经常唱唱跳跳，愿意参加歌唱、律动、舞蹈、表演等活动；能运用绘画、手工制作等表现自己观察到或想象的事物。

图画书《章鱼先生卖雨伞》中，章鱼先生在一个下雨天开着汽车出来卖雨伞，这些雨伞都是根据动物不同的特征来设计的，动物朋友们都喜欢买和自己特征相似的雨伞。而本班儿童喜欢游戏、喜欢阅读、喜欢模仿，因此我们借助图画书《章鱼先生卖雨伞》组织阅读讨论会并观察儿童自主阅读的情况，我们将儿童对图画书的疑问与兴趣做了简单的记录（见表3-10）。

表 3-10　儿童问题与兴趣调查表

问　　题	兴　　趣
诺诺：章鱼先生为什么会喷墨汁？	晨歌：我也想开一个雨伞店卖雨伞。
可芯：小动物为什么会有不一样的地方？	暖暖：我想给小兔子做一把雨伞。
轩轩：为什么要按照颜色把雨伞卖给小动物？	芄芄：想把故事变得更长一点，有更多的小动物。
乐乐：为什么变色龙会变色，要给它一把彩色的雨伞？	一萌：可以去表演这个故事，但是我们没有章鱼先生的衣服，可能有点难实现。
葳葳：这些伞是哪里来的？	阳阳：我想给这些小动物造一个家，这样下雨了它们就不用淋雨了。
奕辰：章鱼先生为什么这么聪明，做了很多颜色的雨伞？	慕岩：可以做一个下雨的场景，然后卖雨伞。
……	……

在对儿童的问题与兴趣进行答疑和解读后，我们发现儿童对制作与表演这两块内容很感兴趣，结合幼儿园的现有环境资源——小优八乐园，我们决定主要在童书馆和创意园中来展开此次主题式阅读活动。

一、步入童书馆

童书馆内拥有丰富的图书资源，儿童可以在不同的图画书中获取与动物相关的经验，还可以对故事进行创编、表演等（见图 3-8）。

儿童在童书馆中查找与动物有关的科普类图画书，记录不同动物的外形特征，或翻阅与动物相关的故事类图画书，阅读发生在小动物们身上的故事等。

对故事有了更深的理解和认识后，儿童选择自己想扮演的动物，以动物的姿态特征根据图画书《章鱼先生卖雨伞》的故事内容或者小编剧绘制的剧本进行表演，又或者即兴

图 3-8　童书馆活动梳理图

表演小动物的生活、发生的故事等。

经过一段时间的表演，儿童开始不满足于书本中的故事情节，他们想要扮演一些新的动物，经过讨论他们想要一些新的剧本进行表演，于是便出现了小编剧的角色，结合童书馆的自制图书区域，小编剧们自主创编故事《章鱼先生卖雨伞》的新剧本，创编完成后，贴上录音标签记录自己的故事内容，这样能让其他儿童更清楚地了解到每一页的故事情节，便于小演员们根据剧本进行表演。

二、走进创意园

创意园是儿童创作的天地，这里有丰富的材料、适宜的创作环境，能充分激发他们的创作灵感，结合儿童的兴趣点，我们将创意园划分为三个区域，儿童可以根据自己的兴趣，选择小组或个人进行制作（见图3-9）。

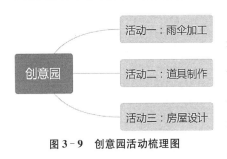

图3-9　创意园活动梳理图

儿童在雨伞加工厂装饰雨伞，他们会根据游戏中需要的雨伞样式、演员的需求或是自己的创意进行制作。儿童使用多种多样的装饰性材料，如绒球、亮片、羽毛、吸管、树叶、毛线、木片、树枝等进行创意表达，制作的过程中根据动物、植物等物体的特征使用自己的方式进行表现。

除了制作雨伞外，儿童对制作服装和道具也表现出了兴趣。在儿童的表演中，我们给他们提供了一些卡通动物套装，供儿童装扮自己。儿童在表演的过程中发现缺少孔雀、变色龙等小动物的服装，章鱼先生也缺少卖的雨伞，于是他们在创意园中进行道具制作，负责给小演员制作表演需要的服装、头饰、道具等。

在创意园浓厚创作氛围的影响下，儿童萌发了给小动物设计具有特色房屋的意愿，他们认为下雨天小动物们除了可以带有自己特征的雨伞，也可以回家躲雨，那么小动物的家会是什么样的呢？他们决定给小动物们搭一个具有它们特色的家，如小兔的家有胡萝卜形状的窗户，小猪的家有一个玩游戏的泥坑等等。儿童事先画好设计图纸,再到创意园中利用纸箱、纸盒、瓶子、木棍等低结构材料进行制作。

在实施主题式阅读活动《章鱼先生卖雨伞》的过程中,我们还和儿童一起去了小剧场将排练好的节目表演给弟弟妹妹看,在游乐园里开雨伞商店,在建构园里建造章鱼先生的商铺等。

三、收获与成长

儿童大胆想象,多元表达。儿童在小剧场表演时,能模仿动物的姿态,根据图画书故事情节或者剧本进行表演,还喜欢跟随音乐表演没有下雨时小动物们的姿态,除了书本中的动物,还扮演了自己喜欢的动物,充分发挥了想象力,在表演的过程中实现自己的想法。儿童在制作雨伞的过程中,能根据不同的物体的特征进行大胆的想象创作,从一开始简单的平面伞,到后来材料丰富后制作立体的纸伞、大雨伞等,他们的动手能力在这一过程中得到了提升。在装饰雨伞的过程中,他们也能自主选择不同的材料进行装饰,制作了狮子伞、孔雀伞、小猪伞、小鸭伞等等,随着时间的推移,他们认为还可以制作一些特殊的雨伞,比如新年伞、彩虹伞、爱心伞等。在这过程中,他们的想象创造能力、多元表达能力等都得到较好的发展。

儿童发现问题,自主解决问题。随着时间的推移,儿童在制作雨伞以及给小动物造家的过程中解决问题的能力、完善改进作品的意识也在变得越来越强。有些伞面和伞柄衔接得不牢固、不美观,儿童会拆掉重新商量着制作;有些材料使用固休胶、双面胶等没有办法固定,他们也会重新寻找更牢固的方式进行加固或使用其他材料来进行替代;在建造商店、给小动物造家时,儿童发现现有的木头积木和方形插塑积木很难搭出弧形的作品,于是他们开动脑筋尝试使用低结构材料进行替代;在积木和低结构材料都无法制作出房屋的特征时,他们选择了画下特征再剪贴在作品上,各种方式的组合运用让他们造出了许多具有特色的家……在这样的活动过程中,他们更愿意通过自己的智慧、小队的智慧来解决问题,依赖成人的思想不再那么明显。

儿童学会交往,产生初步的合作。本次主题式阅读活动主要采取了小组式的活动形式,儿童自发地与三五个朋友一起开展合作性游戏,例如:选择表演的儿童自发组成表演小组并分配角色,选择制作的儿童对需要制作的内容进行分工等。在良好的氛围中,儿童逐步明白需要用到轮流、交换等方法来实现游戏中的公平,并能自觉遵守与同伴的约定。当有新同伴加入或换小组时,儿童能向其他同伴介绍游戏规则,并重新分工。这样的活动过程不但强化了他们的交往意识、公平意识、合作意识,并且能将这些经验很自然地迁移到儿童的一日生活中,能与同伴共同完成任务,能欣赏同伴的作品,能轮流交换玩具等,获得良好的交往体验。

教师也在这样的过程中成长:

首先,高低结构活动相辅相成。在主题式阅读的过程中,高低结构的活动是环环相扣的,例如儿童在故事续编活动中画了很多零散的作品,老师通过请儿童介绍自己续编的内容,推动儿童开展下一步的自制小书活动。儿童在活动中能够画出各种小动物的形态以及与他们相匹配的雨伞,用简单的图案、符号等表达自己的想法,然后进行集体的分享活动。在这样循环的过程中,高低结构的活动不断地衔接,不断地助力儿童的能力发展。

其次,教师专业有成长,提升了解读绘本的能力。经过几次主题式阅读活动的开展,我们对于图画书的解读能力有了明显的提升,能根据图画书中的核心经验与儿童的兴趣点相结合,设计主题式阅读活动。当拿到一本图画书时,我们仔细阅读,观察画面,寻找图画书的中心思想,然后根据指南对图画书的核心经验进行解读,用心去挖掘图画书中所蕴含的内容,并用一种儿童可以充分操作体验的形式将其呈现出来,在这样的过程中,我们追寻专业能力的脚步也在向前继续迈进。

最后,在陪伴儿童一起进行主题式阅读活动的过程中,教师的理念有所转变。我们聚焦儿童,相信儿童,根据儿童的兴趣设计活动。主题式阅读活动是儿童的活动,我们在实施过程中相信儿童具有自主学习的能力,从他们身上寻找活动的来源,一切都以儿童的兴趣为主。我们仔细观察儿童阅读图画书时的兴趣,记录儿童阅读后的问题,我们以儿童为本的活动设计思路,使儿童成为活动真正的主人,在不断尝试的过程中,更新着我们的教育教学理念,促进我们和儿童一起成长。

主题式阅读活动不仅仅局限于教室这一方小小的天地,解读图画书的核心价值,识别儿童的兴趣,了解他们的所思所想,寻找并有效利用园内已有的环境资源,真正满足了儿童在活动中的不同需求,让他们能真正喜阅童心世界!

(上海市嘉定区实验幼儿园 王 洁 金 悦)

案例 3-2 一起来过端午节

一、活动起源

图画书《小艾的端午节》以小艾回太婆家过端午节为主线,从小艾的视角,用贴近儿童生活的故事,述说端午节的习俗,让儿童在阅读中自然而然地了解中国传统节日习俗,接受中国传统文化的熏陶。图画书色彩温暖,笔触细腻,采用水墨画中散点透视的构图方式,真实地再现了江南水乡独特的风土人情。

在自主阅读中,儿童时常感叹:"我也想跟小艾一样去太婆家过端午节。"一个主题式阅读活动的构想在老师心中蓦然成型:小艾可以去太婆家过端午节,我们就在幼儿园和儿童一起过端午节吧!

通过深层次解读图画书,我们发现图画书《小艾的端午节》在向我们展示中国传统节日文化之外,还埋伏了一条淡淡的亲情线,浓浓的情感在小艾与太婆、江南水乡之间流淌。鉴于此,我们将家长也纳入此次活动,期望聚焦儿童、教师、家长,探索阅读形式、阅读人群的多元化发展。

在解读儿童的阅读行为和需求的基础上,在研究分析图画书《小艾的端午节》核心价值与主题经验的前提下,师生共同构建了主题式阅读活动的基础框架(见图3-10)。这一框架使主题式阅读活动脉络更清晰,目标更明确,活动内容更丰满。

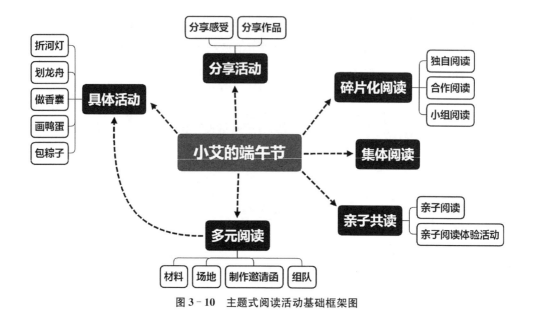

图 3-10　主题式阅读活动基础框架图

二、活动目标

理解图画书，了解中国传统节日端午节的多元民俗文化；

参与多元阅读和民俗体验活动，感受传统节日中蕴含的情感。

三、活动过程

我们在阅读区投放了十本《小艾的端午节》，鼓励儿童在"阅读一刻"、个别化学习活动、自由活动等碎片化的时间，开展独自阅读、合作阅读以及小组阅读。在多种形式的碎片化阅读时间，儿童观察画面，进一步了解图画书《小艾的端午节》的故事内容和书中描述的端午节的习俗，小组讨论自己最感兴趣的画面和民俗活动。

在儿童自主阅读一段时候后，教师完整讲述图画书《小艾的端午节》，组织儿童开展阅读讨论会，以"小艾太婆家过端午节的习俗有哪些？""你觉得人们为什么要过端午节?""为什么要学习这些习俗?""你觉得最有趣的习俗是什么?""你最想和小伙伴一起参与的是什么活动?"等话题引发儿童的深层次思考,让儿童在师生互动、生生互动中,进一步解读图画书,了解图画书中的端午节习俗,提升阅读思考的能力。

通过碎片化阅读和集体阅读,儿童都确定了自己最想要参与的民俗活动,分别是包粽子、做香囊、折河灯、划龙舟和画鸭蛋,然后组成小组带着具体的阅读任务再一次打开了图画书《小艾的端午节》。这一次他们要做的是仔细观察,了解图画书中的五个民俗活动是如何开展的,如:粽子是怎么包的? 用的什么材料? 但在小组式阅读中,儿童发现《小艾的端午节》一书中并没有介绍民俗活动的细节,此时,老师为他们提供了具体介绍包粽子、香囊、龙舟的图画书,同时提供一张民俗活动材料清单,家长也上网搜索到了一些介绍折河灯和画鸭蛋的步骤书,儿童拿着这些书和清单再次展开了讨论,过程中儿童的阅读理解能力、收集和分析阅读信息等能力得到充分的发展。

除了在园内的阅读时间,亲子阅读也是必不可少的,我们都知道亲子阅读是幼儿园阅读的有效补充,也是我园"慧阅读"课程的一个重要板块。《小艾的端午节》亲子阅读更注重儿童在幼儿园内获取不到的端午节经验和体验,因此我们建议家长结合自身背景个性化地开展共同活动。

动手做一本端午节小书:选出《小艾的端午节》中自己感兴趣的民俗内容,和家长一起翻阅端午节的相关书籍或上网收集资料,收集多种材料制作成一本亲子端午民俗DIY小书,后期投放在幼儿园公共阅读区,在"阅读一刻"活动中进行预约分享。老师提供了预约分享表,鼓励儿童主动预约时间,分享自己与家长的制作。

和爸爸一起玩赛龙舟:和爸爸一起观看一段划龙舟的视频,感受龙舟赛的热闹与激烈,民众参与端午节习俗的热情,讨论龙舟的造型及人物的装扮。然后,与爸爸一起收集龙舟的图片,以及可以用来制作龙舟的废旧材料,亲子共同清洗干净后带到幼儿园。

跟妈妈一同折河灯:在妈妈的指导下,了解、学习各种河灯的折法,并将折纸步骤制作成折叠书,标上步骤或箭头,供后期活动需要。后期活动中,制作折叠书的儿童轮流做小老师，教伙伴们折河灯。

和爷爷奶奶一起包粽子：看一看粽叶长什么样，说一说粽子的各种馅儿，在菜场的摊位上找一找这些食材。

在经历了一系列阅读与体验活动后，儿童在老师的带领下来到附近的百果园，三四人组成小组寻找制作香囊的中草药。因为生长在大自然中的中草药与儿童在药店或者菜场摊位上看到的在形态上有所区别，所以同行的老师提供了自己的手机，指导儿童使用手机形色软件在百果园的自然环境中寻找、辨识制作香囊的中草药植物，并且与之前从中药房中收集的中草药相比较，用看一看、闻一闻、摸一摸的方式比较两者的区别，感受植物制作成中药后的变化。

四、活动延伸

对于活泼好动、充满求知欲的儿童来说，以看、听、想、说为主的传统阅读方式已经无法满足他们的个性化需求。他们需要更加多元的方式表达自己从阅读中获得的种种感受和想法。主题式阅读活动为儿童提供了多元的途径，满足他们的社会性交往、情感表达、探究体验、创造想象等需要。

我们和儿童一起策划端午庆典，体验协作与共创。以阅读为核心的各类活动帮助儿童积累了丰富的端午节经验，他们需要一个平台进行表达，于是端午庆典活动应运而生。庆典活动前，师生一起制作《小艾的端午节》活动版面和端午节邀请函，邀请家长一起到幼儿园里来过端午节。活动当天，儿童和老师一起在幼儿园户外空地布置端午节场地，儿童自发搬来了桌、椅、架子等。大家一起将准备好的材料展示出来。

通过全员参与端午活动，展现经验与成就，儿童依据端午计划设计各种小组活动，并相互之间体验共享：

包粽子小组邀请了奶奶参与活动，在包粽子的过程中，大家认识了粽叶、糯米、红豆、花生、红枣等食材。奶奶最拿手的是包虎头粽，大家一起跟着奶奶学。有的儿童想要包三角粽,他们对照着三角粽的制作步骤图,一步一步地跟着学。

折河灯小组的熹熹和铄哥跟着妈妈学会了折小船灯和荷花灯,并且将河灯的折法制作成了步骤图,大家在两位小老师和步骤图的帮助下折好河灯并且装饰,在家长的帮助下摆上蜡烛并点燃。

制作香囊小组的儿童仔细观察香囊制作步骤图,了解香囊制作的方法,把粗香料剪碎,用最古老的研磨工具将剪碎的香料研磨成粉,用多种工具将香料粉装进香囊并封口。

画鸭蛋小组的队员们用小毛笔、棉签棒蘸取丙烯颜料在鸭蛋上作画,用各种装饰材料(纽扣、亮片、活动的动物眼睛、泡棉等)装饰画好的鸭蛋(见图 3-11)。

图 3-11 儿童画鸭蛋图

想要制作龙舟的儿童选定想要制作的龙舟图片,根据图片提示准备所需要的材料,这些材料来自活动室、家庭。小组分工合作制作龙舟,遇到问题了,打开 Ipad 上的龙舟制作视频,跟着再学一学。最后,在家长的帮助下完成固定、裁剪硬纸板等超出能力范围的工作。

在时间宽裕的情况下，儿童还参加了其他小组的民俗活动。

五、成长收获

儿童的阅读能力得到了提高。在主题式阅读活动中，当遇到问题的时候，儿童能够在老师和家长的引导支持下，尝试通过多种途径，如电脑、电视、周围的成年人、书籍、实体店等，获得信息，解决问题。在阅读图画书、科常类书籍、工具书、自制书中，儿童的阅读能力得到了提高。

儿童有多样化的阅读表现。在家庭中开展的各类亲子阅读体验和在幼儿园开展的活动中，儿童尝试用多种表现手法表达自己的阅读感受和阅读理解，如美工制作活动、阅读活动、讨论会、探究活动等。阅读不仅是停留于纸上的阅读，还有更多的阅读体验活动，他们的社会性交往、创造想象、探索探究等能力得到满足和发展。

儿童获得了多方位的民俗体验。通过主题式阅读活动，我们和家长一起开展了多元的主题式阅读体验活动，让儿童在主题式阅读活动中获得多方位的民俗感受。

教师解读图画书的能力得到了提升。教师对图画书的解读影响儿童对图画书的阅读，影响图画书阅读活动的效果。在实施主题式阅读活动的初期，我们一起深入解读图画书，结合《3—6岁儿童学习与发展指南》，挖掘图画书中隐含的教育契机和核心价值，如传统节日、传统节日教育、家园共育、亲情等。

教师解读儿童的能力得到提升。在主题式阅读活动开展的过程中，我们停下脚步观察儿童的行为，静下心来倾听儿童的心声，多方位收集来自儿童的信息。通过解读这些信息，了解、关注到他们的需求，始终把满足儿童需求放在第一位，用儿童的视角设计活动、实施课程。在主题式阅读活动中，我们学会了观察、等待和倾听，教师不再是主导，更多的是追随儿童的兴趣，为他们提供适当适时的支持。

发展了教师多元设计课程的能力。单一的阅读活动无法吸引儿童，他们需要体验式的活动，在同化、顺应、平衡的经验建构中获得发展。因此，阅读活动可以渗透到各个领域中，以主题式开展阅读活动，用多元化的活动整体提升儿童的阅读体验和收获。

当然除了以上成长与收获外,此次活动的进行也使我们有了一些新的思考。

在主题式阅读活动《小艾的端午节》中,我们尝试了碎片化阅读、集体阅读、亲子共读等阅读形式,多样化的阅读活动和阅读体验,帮助儿童解读图画书,了解端午节的各类习俗。儿童阅读的不仅是一本图画书,他们阅读的还可以是工具类书籍、说明书、步骤图,甚至是共同收集来的碎片化信息。

家庭教育和学校教育密不可分,尤其是在传统节日教育中,家庭教育更是必不可少的教育资源。我们把家长纳入教育活动,让家庭教育发挥学校教育所不能发挥的作用,触发传统节日文化中的亲情教育价值。在主题式阅读活动开展的过程中,老师为家长搭设了一个平台,让家长和儿童产生更直接的、更亲密的互动。老师指导家长如何与儿童进行亲子阅读,开展阅读讨论,以及通过多种途径开展亲子活动,让传统节日文化在代际中得到传承和发展。

(上海市嘉定区实验幼儿园　邵维兰)

案例　3-3　多元阅读活动的组织与实施

一、活动的来源

根据主题活动《有用的植物》,我们在班级中投放了相关图画书,《上面和下面》就是其中的一本。在自由活动时,通过儿童边看边聊、主动找老师要求再讲这个故事等行为,教师解读出儿童对这本绘本产生了强烈的学习兴趣和动机。

大班儿童处于自我意识不断发展,合作意识逐渐增强,规则意识逐渐形成的阶段,同时他们开始掌握学习的方法,观察事物的目的性、标准性、概括性都有了一定的增长。《3—6岁儿童学习与发展指南》语言领域指出大班儿童"能说出所阅读的儿童文学作品的主要内容""愿意用图画和符号表现事物或故事"。结合学科教学知识(PCK)"学前儿童前阅读学习的核心经验"指出的拓展阶段儿童"能有意识地观察画面中的细节，并将细节与主要情节联系起来，进一步理解图画书的内容""尝试使用一些新颖的方式表达自己的意思"，我们的低结构活动便建立在了解故事《上面和下面》主要情节和内容的基础上，引导儿童进一步进行辩证思考，并使用自己的方式将其表达出来，使之符合大班儿童的年龄特点。

故事《上面和下面》内容有趣，情节丰富，人物形象生动饱满，故事有着较清晰的线索，既能丰富儿童的认知经验，同时也蕴含着一些同伴交往、生活哲学的道理。如：对蔬菜瓜果的认知经验，上面与下面的相对性；大熊与野兔人物关系的辩证关系，尝试初步的辩证思考；对朋友间商量合作、相互帮助的思考；绘本翻页方式、故事画面与书名的关系。

二、活动目标

理解故事内容，尝试初步的辩证思考，愿意用图画和符号表现事物或故事；
理解规则的意义，能与同伴协商制定游戏和活动规则。

三、低结构活动

开展集体活动《上面和下面》后，儿童产生了初步的辩证思维，于是他们提出："大熊拿到的那些没用的农作物，真的就一点用也没有了吗？"有的儿童说："如果我是大熊，我肯定不会像大熊一样这么笨。""大熊拿到的那些农作物也不是一点也没用的，加工一下也可以用，说不定还能卖钱呢。"儿童展开了讨论，于是我们开展了基于绘本《上面和下面》所引发的低结构活动：

农作物大调查：结合主题《有用的植物》，儿童进行了农作物大调查，与父母一起通过查阅书籍、网络等形式进行大调查，了解某一样农作物的每一个部位，哪个部位可以吃，其他部位又有什么作用。

经过分享交流后，儿童发现很多农作物有些部位我们经常食用，而有些部位我们虽然不常食用但是它却也能食用。儿童说:"原来这些部位也能吃,要是大熊知道就好了。""那这些部位可以怎么吃呢?"于是,好奇的儿童去采访了幼儿园中的营养师和大厨,原来这些部位还能做这么多好吃的菜。儿童还将营养师的话录在了录音宝盒中,使其他的儿童也能通过与墙面的互动了解相关信息。

经过农作物大调查的交流分享后,我们将儿童的经验进行了梳理和总结,并结合使用点读笔,将儿童的经验录制下来。儿童在表述的过程中积累语言表达能力,其他儿童在倾听的过程中积累相关知识与经验。

通过对书本经验的不断积累,儿童再次思考:不能吃的部位就真的没有用了吗?儿童发现很多农作物的各个部位都有不同的作用。于是在交流分享后,我们与儿童一起使用思维导图的方式进行梳理,儿童发现有的农作物非常有用,不同部位有各自的用途。很多农作物的根、皮、叶子都可以晒干变成中药,如玉米的杆子能烧火,玉米须能够泡茶喝等。

生活大搜索:儿童从家里收集了各种各样由农作物制成的生活用品,有丝瓜筋、扫帚、椰子艺术品、秸秆制碗等。我们一起制作了一本检索工具书,收集这些生活用品的小主人还为它们录制了音频,儿童可以从这本书中检索到这些生活用品的前身是什么,它们又是怎么变成我们的生活用品的。其中,我们还把目录的检索方式加入其中,让儿童感受丰富的阅读元素。

当然儿童在活动中也产生了一些疑问:"那些实在不能用的部位怎么办呢?"儿童的问题一下引起了我们的注意,我们细心记录着他们的讨论:"那就是垃圾扔了。""那应该要扔到湿垃圾里吧。""湿垃圾也是很有用的呀!"儿童你一言我一语地讨论着"那些实在不能使用的农作物可怎么办?"于是,我们结合环保理念,与儿童一起查阅农作物们变成湿垃圾后又去了哪里。儿童发现,湿垃圾最后变成了肥料、燃料、燃料油等资源。他们不禁感叹:看来好好利用,农作物全身都是宝!

自制小书:在集体活动《上面和下面》后,儿童很想知道精明的兔子和懒惰的大熊经过这件事情后,还会发生什么有趣的故事?于是,基于平时积累的丰富的自制小书经验,儿童一起绘制了《上面和下面》后传。绘制完自制小书后,儿童使用录音笔将自己创编的故事录下来,方便同伴来翻阅和倾听这本自制小书《上面和下面》后传。

规则棋:《上面和下面》带给儿童的启示非常丰富,故事中大熊之所以会吃亏是因为在与兔子合作前并没有说清楚要求。儿童说:"合作之前一定要把规则说清楚。"于是,当游戏中遇到分歧时,儿童会提前制定好规则。

第一次,儿童制定了游戏的规则:搭建棋、掷骰子。

第二次,儿童在游戏的过程中产生了分歧,于是他们又增加了新的规则,即沿着箭头走,在回答功能棋的问题时需要计时 1 分钟。

第三次,基于儿童不断增加的规则意识,教师对材料进行了调整,将版面换成了卡槽式,方便儿童制定规则。这一次,儿童的新规则是:遇到问题,石头剪刀布,三局两胜,愿赌服输。

儿童在过程中不断地调整规则,并能够将规则提前约定好,相互遵守,提升了自我的规则意识以及同伴之间的合作能力。

（上海市嘉定区实验幼儿园　李　妍　顾漪涟）

案例　3-4　赛车总动员

一、活动来源

"我们的城市"主题中,儿童对马路上的汽车感兴趣,在一次亲子活动——参观安亭汽车博物馆的时候,儿童对赛车产生了浓厚的兴趣,他们有很多问题:为什么赛车是扁扁的? 为什么赛车的声音那么响? ……于是,我们一起走进了赛车的世界。

《3—6 岁儿童学习与发展指南》中指出,5—6 岁儿童在科学探究上的目标是"对自己感兴趣的问题总是盘根问底,能经常动手动脑寻找问题的答案,探索中有所发现时感到兴奋和满足"。对 5—6 岁儿童的探究能力也提出了具体的目标,即"能用一定的方法验证自己的猜测,在成人的帮助下能制定简单的调查计划并执行,能用数字、图画、图表或其他符号记录。探究中能与他人合作与交流"。

二、活动目标

在观察、比较、操作中了解赛车基本结构及其和家用车的区别;

了解常用汽车部件的功能和特征;

探究中能与他人合作与交流,获得成功的体验。

三、活动过程

环境创设:

我们在科探室门口布置了与赛车相关的环境,如迷你赛车、赛车服、赛车头盔、赛车模型等(见图 3 - 12)。

图 3 - 12 赛车总动展示区图

活动流程：

虽然儿童对赛车兴趣浓厚，但缺乏对赛车的直接感知、亲身体验和实际操作，对赛车的探究比较初浅，如：知道赛车颜色不一，却不知道颜色背后的秘密；知道赛车车速很快，却不知道其中的原理……

面对儿童的诸多问题，教师通过查阅各大网络媒介，寻找影像图片资料，丰富儿童经验。虽然能加深儿童的理解，但为了追求知识和技能的掌握，对儿童进行灌输和强化训练是不符合儿童身心发展规律的。教师该如何在顺应儿童需求的基础上推动他们的发展呢？

主题开展初期，教师根据儿童的经验水平发动家长丰富儿童经验，如：根据儿童关于赛车的问题，请家长与儿童共同查阅资料，鼓励儿童和同伴分享自己的发现。鼓励家长带儿童感受真实的赛车场环境，体验开卡丁车的感受。让儿童在真实场景中，尝试科学地学习。主题开展后期，教师发动家长和儿童一起开展关于赛车的小制作，如一辆赛车、关于赛车的小书、赛车主题的场景等。在主题开展的过程中，教师根据儿童的需求开展课程，充分利用家长的资源。儿童会生成很多新的问题，拓展了教师的活动思路。儿童对"赛车和家用车到底有哪些区别呢？"产生了浓厚的兴趣，为了解决这个问题，我们邀请了具有这方面专业知识的家长来帮忙。

班中嬿嬿爸爸开了一家汽修厂，于是我们邀请他来园给儿童开展"汽车揭秘"。家长把车开到了学校，向儿童介绍各种维修工具，现场展示如何替换轮胎、如何使用千斤顶把汽车支撑起来等。家长用自己的专业知识拓展了儿童的视野。活动结束后，家长还给我们留下了很多真实的材料，如维修箱、轮胎、千斤顶、扳手等，为后续的探索活动提供了支持。

班中另外一位儿童的爸爸是机械建构方面的能手，于是我们发动这位爸爸和我们一起给儿童设计赛车坡道，很快大五班赛道就孕育而生了。在具有实操性的赛道上，儿童调整坡面的高度，改变滑面的材质，记录自己的发现。儿童在探究的过程中，不仅获得了丰富的经验，发展形象思维，尝试归类、排序、判断、推理，逐步发展了逻辑思维能力，为儿童在其他领域的学习奠定了基础。

我们经常组织儿童开展分享交流,在生生互动、师生互动的过程中共同解决问题。对于一时无法解决的问题,我们引导儿童尝试多种方法来解决,如网上搜索、书中寻找、寻求专业人士帮助等。

延伸活动:

在对赛车有了深入的了解后,儿童也生成了许多其他的活动。

我是小小修理工:戴上手套,拿起真实的维修工具,进行探索,如使用千斤顶顶起汽车,探究各种螺母螺帽之间的关系等。在直接感知、亲身体验和实际操作中进行探索和发现。

自制小书:用各种材料制作小书,如我和赛车的故事、赛车的结构、我心中的赛车场等,不仅呈现了自己的经验,也表达了自己的想法。

我说你猜:自主组队,一方摆放并描述图片,另一方根据提示猜测图片内容。在游戏时能有序、连贯、清楚地表达。

赛车场里多热闹:创设了赛车场的情景,搭建汽车、制作汽车,尽情发挥自己的想象和创意,制作属于自己的赛车场。

设计制作赛车服:利用各种废旧材料,给赛车手设计一套特别的赛车服。

一起比一比:在自制的赛车坡面上比赛,用各种测量工具测量,并根据自己的需求更换滑动面。

四、我们的思考

儿童的学习主动性增强,表现在:遇到困难会主动向成人或同伴寻求解决方案;会通过查阅图书资料、上网搜索等方式寻求答案。关于动物,儿童有很多相关的问题,他们会通过自己记录问题,搜索答案,绘制思维导图的方式获取相关知识经验。

儿童的艺术表现能力增强,表现在:会用各种材料、绘画工具表现自己的作品,如立体作品、各种自制小书等。儿童想象力、创造力逐渐增强,作品画面逐渐丰富。

儿童语言表达能力也逐渐增强。通过集体分享交流、小组分享交流的形式,语言表达能力和梳理组织能力越来越强,自信心也逐渐增强,敢于在集体面前表现自己。

作为教师,在这一次主题式阅读活动的过程中,我也有了些许思考。

我们都说家长对于儿童的整个成长过程具有十分重要的影响,教师应该主动和家长保持紧密的联系,这样可以加强家校之间的互动,有利于家长和教师更加全面掌握儿童成长过程中的状况,能够让儿童更好地成长。

教师要打破传统的家园沟通模式,从浅层沟通到深度融合。通过多种方式和家长沟通,鼓励家长参与到学校课程里来,取得家长的信任,让家长在学校的大舞台绽放光彩。

同样地,在与家长的不断沟通中,我也发现家长改变了观念,学会了换位思考。通过家园合作,家长更多参与到学校课程里来,家长了解到学校多彩的课程构架后,纷纷表示:原来老师们平时工作这么辛苦啊!家长们学会换位思考,更积极地配合学校各项工作的开展,同时教师和家长更好地掌握了儿童的全面信息,可以更好地促进儿童的成长。

当然,家长参与的活动也让他们与儿童间的亲子关系更为亲密。家庭和幼儿园作为儿童主要生活及学习的场所,对儿童成长起到了关键的引导作用。在家园合力的过程中,家长表示,儿童更愿意把学校的事情分享给家长听,遇到问题更愿意和家长沟通,敢于表达自己的想法。亲子关系发展良好,儿童自然也成长得更快。

（上海市嘉定区实验幼儿园　陆晓虹）

案例 3-5 阿诗有块大花布

一、缘起

前段时间班级以"我是中国人"为主题,在班级的图书角里投放了很多与主题相关的图画书,我发现儿童对《阿诗有块大花布》这本图画书很感兴趣。儿童不仅被具有浓郁中国风的画面所吸引,同时他们也提出了自己的疑问:阿诗的花布还能变成什么? 阿诗没了自己的大花布怎么办? 看着儿童对绘本抛出的层出不穷的问题,我们决定和儿童一起走进传统图画书的世界里,将这本图画书融入到主题式活动中。

幼儿园教育应尊重儿童身心发展规律和年龄特点,关注儿童经验。《阿诗有块大花布》以其"付出与收获"的温馨故事内核、生动的画面、花布"变身"的各种创意、大量的中国元素深受儿童喜爱。《3—6岁儿童学习与发展指南》语言领域明确指出培养大班儿童"能根据故事的部分情节或图画书画面的线索猜想情节的发展或续编、创编故事","愿意与他人讨论问题,敢在众人面前说话"。故事中朗朗上口、具有韵律的儿歌,以及富有节奏的故事情节契合大班儿童的年龄特点和发展需要。艺术领域指出培养大班儿童"愿意和别人分享、交流自己喜爱的艺术作品和美感体验""能与他人相互配合也能独立表现""能自编自演故事,并为表演选择和搭配服饰道具或是布景"。图画书中的花布变身、朋友赠与等情节能满足儿童的兴趣和发展需要。

大班初期儿童对同伴交往和合作分享处于萌发阶段,图画书中阿诗用她无私的付出赢得了同伴的信任和喜爱,图画书的核心价值在于告诉儿童要想得到,首先要先学会付出,学会分享才能收获更多。这契合大班儿童的年龄特点和发展需要,在过程中提高了儿童的语言表达、艺术欣赏和社会交往能力,激发儿童对中国传统文化的喜爱。

二、活动目标

理解故事情节,感受阿诗对朋友的无私奉献,尝试大胆表达对同伴的关爱,萌发爱朋友、懂分享的情感。

体验中国风图画书的艺术风格,尝试用美术创作、肢体表演、前书写等方式促进多元表达。

三、活动过程

（一）图画书阅读

集体阅读：欣赏故事的过程中，儿童非常专注，完全被故事情节所吸引，对画面、情节和花布的各种变化感兴趣。

自主阅读：每天的自由活动和"阅读一刻"的时间，儿童都会去翻阅这本图画书。与同伴的聊天中，喜欢一起念儿歌："阿诗有块大花布，它是个礼物，我想用它来帮助每一位动物……"

亲子阅读：简单记录，分享感受。

阅读讨论会：经过一段时间的阅读，儿童对图画书也有了新的认识，于是我们便开展了阅读讨论会（见表3-11）。

表3-11　阅读讨论会表

预设的提问	儿童的回答
阿诗的大花布到底有什么大用处？	1. 她用自己的大花布给大大小小的动物裁剪了各种他们需要的东西，如衣服、沙发套、围巾等等。 2. 大花布能用来帮助动物朋友们解决他们的困难。 3. 花布的颜色和花纹很漂亮，动物们都很喜欢。 4. 阿诗很厉害，她把花布做成了各种各样的东西，送给了需要的同伴。
儿童的问题	儿童的回答
阿诗的大花布会用完吗？用完了怎么办？	1. 肯定会用完的，再大的布也会用完的。 2. 我觉得不会呀，阿诗可能会自己制作新的花布，她很厉害的。 3. 有可能会用完，可是等阿诗用完了，朋友们也会来帮助她找新的花布。 4. 阿诗的布会用完，用完了她可能会很舍不得，会哭。
追　　问	儿童的回答
如果你是阿诗，你还会继续用剩下的一点点花布去帮助朋友吗？	1. 如果我是阿诗，我肯定会继续帮助朋友的，因为他们的事情很紧急也需要帮助的。 2. 我会想一想，可能不会，因为阿诗只剩这一块花布了，用完就没有了。 3. 如果我是阿诗，我会跟朋友们说，我的花布快用完了，能不能给一点花布，我来帮忙做。

通过讨论加深儿童对图画书的理解,体验这个让人感到亲切而又温暖的故事,阿诗献出了自己的大花布,换来了朋友们的陪伴和友情。针对儿童的兴趣和关注点,我们开展了阅读讨论会,儿童提出了自己的问题,通过生生互助,联系已有经验阐述自己的发现与猜测,讨论会在解决一部分疑问的同时也推进了儿童的进一步思考,激发儿童去寻找答案的需求和兴趣。

(二) 延伸活动

小剧场:故事中的角色与对话深受儿童喜爱,儿童通过商量各自分配角色,选择或制作自己需要的道具,扮演阿诗、黑熊、松鼠等角色,创编角色对话,表演故事内容。

出版社:儿童根据自己对故事的理解尝试创编故事后续,或是改编故事内容,以自制小书的形式进行展出。

设计工坊、扎染坊:在创意园中选择需要的大红布,与同伴寻找合适的材料(粉笔、蜡笔等)合作设计、绘制美丽的花纹图案;在国画区用颜料、宣纸等材料进行扎染,制作各种不同材质、不同硬度的花布。

小裁缝:将设计工坊设计好的各种图案的花布,与小剧场的演员协商后根据需要进行进一步设计、创作。与同伴绘制设计图纸,利用创意园的多元材料进行剪裁、装扮、缝制、试穿调整等。

打包站:儿童对阿诗的付出深有感触,他们提出也要像阿诗一样,与同伴分享自己的珍宝,通过碎片化时间的交流,小记者们记录了同伴的需求和喜好,在创意园中,收集需要的材料,通过简单的加工制作小礼物,在打包站打包礼物,装扮礼物袋,用快递的方式把礼物送给同伴。

陈列馆:儿童前期制作了一块富有中国风特色的背景,她们选择了创意园一角,用彩泥、纸杯、木棒、纸盘等材料组合创作了各种创意作品进行陈列展出。

四、我们的思考

在整个活动进行的过程中,无论是儿童还是教师,都有所提高、有所收获。

在表达表现方面，儿童自主进行讨论，在和其他儿童有意见冲突时也能条理清晰、有理有据地阐述自己的想法，试图说服对方。在故事表演时，每个儿童都能大胆自信地表演。

活动也提升了儿童的合作能力，在主题式阅读活动开展前期，儿童需要根据自己的兴趣分组、分工，与同伴商量、互动，分组合作为儿童提供了许多与同伴交往的机会。在推进主题式阅读的过程中儿童的合作意识也在逐渐萌发、不断发展。整个过程中儿童分工明确，有条不紊。在本次活动过程中，儿童根据兴趣和在开展活动的过程中遇到的问题自行分组研读绘本，并通过商量确定了各自的分工和任务。

儿童提出问题的能力也得到了提高，在活动实施过程中难免会碰到困难和问题，这时就需要儿童去发现问题、分析问题、解决问题。在进行学习活动时，儿童发现和解决问题的能力得到提高，如儿童提出图画书表演不够逼真，缺少道具的问题，儿童围绕这个问题进行了讨论，并决定选择创意园，这个材料丰富、便于创作的地点来满足他们的活动需要。

在阅读活动中，教师不断关注儿童在过程中的兴趣和需求，提供他们所需的、必备的物质材料，从活动的发起者、领导者逐渐向活动开展的支持者转变。在儿童出现困惑和困难时教师帮助儿童梳理经验，共同商讨活动的下一步如何进行。时刻将儿童视为活动的主体，在过程中才能不断激发儿童对图画书的深度认识。

（上海市嘉定区实验幼儿园　程　萍　张珂莹）

第四章

"慧阅读"课程的全纳评价

儿童哲学视角下的"慧阅读"课程秉持不主观地以个人态度来评判儿童的理念,以儿童、教师和家长为评价主体,实现了评价主体从单一走向多元的转变。我们以发现的眼光看待儿童的发展,以欣赏的角度对待儿童的成长,在灵活多样的评价方式中呈现"慧阅读"课程的理性之思。

儿童哲学本土化是我们一直追求的目标与努力的方向。在我园,儿童哲学作为园本课程的核心内容体系,主要以镶嵌于"慧阅读"课程的形式存在,这就决定着其必然具有独特的评价体系。基于儿童哲学,形成一套完整的"慧阅读"课程的评价方法,关键需要明确评价主体、评价方式以及评价效果这三个构成要素。教育部制定的《2000—2010年全国基础教育课程改革的总目标》明确指出"评价主体要多元,评价方式要多样,体现既关注结果、更重视过程的评价体系"。因此,我园立足多元的评价主体和评价方式,强调在过程性评价中推动儿童实现全面发展。

第一节　多元化的评价主体

"慧阅读"课程以儿童、教师和家长为三维评价主体,实现评价主体从单一走向多元的转变。

首先,让儿童发现自己,在过程中体现儿童主体性。儿童主体的教育观念是课程评价的定位问题。借助儿童哲学的教育理念和"慧阅读"课程的培养目标,细化评价指标和评价标准,并以此为尺度来科学地衡量和解读儿童的发展现状。"慧阅读"课程揽括各种形式的大小活动,在其统领的"快乐阅读节""我的游戏我做主""小优看世界"等活动中,儿童在群体探究过程中会发现问题、分析问题和解决问题,教师也会有意识地发挥儿童的主体作用,重视儿童自评与互评。儿童在自我认识、自我改进、自我提高和自我完善中,逐渐获得成长。

其次,让教师发现儿童,在转变中体现以儿童为中心。在儿童哲学的牵引下,"慧阅读"课程的评价主体亦聚焦于教师。教师以自评或他评的形式,以注重教育的过程性实践为本,以撰写学习故事为途径,通过照片记录、学习故事、作品分析等方式解读儿童的发展现状和需求,并跟进相应的支持性策略,在不断反思中有意识地结合班级儿童的实际发展状况,及时调整自己的教学计划和实施方案,并最终在活动目标的设计和活动内容的选择中贯穿以儿童为中心的理念,从而促进儿童的全面发展。

最后,让家长欣赏儿童,在欣赏中体现多元性评价。通过"慧阅读"课程的多途径实施,利用多种信息技术引导家长参与评价,不仅帮助诸多家长转变自己的教育观,也能够指导家长获得良好的教养方式。例如,我园在实践中借助"孩子通""学习通""绘本森林"等平台,激励家长参与幼儿园课程的管理和评价,引导家长在家庭中观察儿童的行为,并对儿童的发展情况进行简单的评估,协力培育儿童的全面发展(见图 4-1)。

图 4‑1 让家长在欣赏中评价

　　随着儿童哲学本土化的需要以及教育评价观念的转变,注重多元主体和不同角度参与评价,便构成了"慧阅读"课程的评价体系。儿童的成长离不开家长的悉心呵护、教师的耐心引导以及儿童自身的发展需求,这便是"慧阅读"课程评价体系的发展走向。

第二节 多样化评价的操作

儿童哲学重视教育的过程性和儿童自我建构的有意义学习,同样"慧阅读"课程也将实践重点聚焦于此。这就决定着"慧阅读"课程评价要基于观察,关注儿童成长经历的同时也提供能够推动其核心素养形成的教育支持。因此,我园"慧阅读"课程的评价方式采用了以过程性评价为主、以指标性评价为辅的操作模式。

一、过程性评价

自制个性化小书体验成长足迹。基于"慧阅读"课程的阅读特色,在活动实施过程中,教师鼓励儿童自制个性化小书,包括活动计划、活动过程、活动成果、活动体会等各种儿童自主生成性内容。自制个性化小书,在评价主体上由教师转为儿童自身,儿童在自我评价计划完成的同时,也会进行同伴间的分享和相互评价,这个过程凸显了儿童评价的主体性。在评价方式上,儿童通过自主计划、实施、记录,达到自我评价和评价他人的作用。自制个性化小书不单是儿童活动过程和成果的展示,也是儿童进行分享和评价的独特方式。

学习案例呈现活动发展轨迹。教师在组织实施"慧阅读"课程的过程中,以观察儿童为基础,最终梳理出"慧阅读"课程案例作为活动实施的评价模块及儿童发展的评价模块,由此呈现出儿童的发展轨迹。其中,在梳理的过程中,教师以新西兰学习故事评价体系为参考,结合"慧阅读"课程相关内容进行基于观察儿童的发展评价。因此,梳理后的活动案例主要体现以下特点:第一,评价的方式为叙事性,评价内容故事化。第二,评价内容倾向于儿童表现出的学习心智及行为。第三,活动过程可视化,反映儿童的成长过程。

多媒体软件形成评价共同体。儿童的成长发展不仅发生在幼儿园,家庭也是儿童重要的生活场地和成长天地。如何能够让家长成为教育共同体,共同成为"慧阅读"课程的参与者、实施者和评价者? 我园与超星科技公司等教育科技革新性企业合作,共同研发了"学习通"APP 软件。该软件可以分享儿童在园的活动参与内容,其中最为特色的便是"阅读小达人"打卡活动。家长与儿童共同参与其中,通过亲子共阅一本书、共同完成亲子游戏,即可打卡成功。儿童能在线累计自己的阅读天数,也能了解别人的阅读天数,以此对自身的阅读情况进行评估和持续。利用技术支持,打破了传统的阅读方式,实现了家园共通的即时性桥梁,使家长参与到儿童阅读习惯的培养中来,无论是儿童、家长、教师都能够以此进行阅读持续性的评价。

二、指标性评价

其一,自然、真实状态下的评价。对儿童来说,生活即学习,游戏即学习,活动即学习。如果把儿童从生活、游戏及各类活动中抽离出来进行评价,无疑会打断儿童的学习过程,不容易得到真实的评价结果,而评价情境自然化,能够避免干扰儿童的学习过程。《幼儿园教育指导纲要》明确指出,评价要"在日常活动与教育教学过程中采用自然的方法进行"。所以,我们实施的活动评价都是基于儿童真实的生活和学习情境,这是指标性评价实施的要点之一。

其二,以可视化的指标为依据的评价。"慧阅读"课程涵盖"阅读自己""阅读自然""阅读社会"三个领域,而要评价儿童在这些领域中的发展情况,就需要细分具体的评价指标,使其变得可视化、可操作化。将每个具体的评价指标与儿童的年龄、发展指标以及儿童哲学教育趋向结合,体现出儿童发展的阶段性和差异性。教育部颁布的《3—6 岁儿童学习与发展指南》从健康、语言、社会、科学、艺术五个领域描述儿童的发展,对儿童应该知道什么、能做什么、大致能够达到什么发展水平提出了合理期望,为教师实施教育评价提供了依据。基于《3—6 岁儿童学习与发展指南》

中的相应指标,结合活动内容,我园设立了《"慧阅读"课程的目标》(见表4-1)和《儿童在"慧阅读"课程中的学习评价量表》(见表4-2),使"慧阅读"课程的目标和儿童发展目标更加可视化、更具操作性,为教师计划、实施、评价反思提供了有力依据。

表4-1 "慧阅读"课程目标表

		阅读自己		阅读社会		阅读自然
		接纳自己		合群达礼		爱护生命
共同生活	小班	知道自己的名字,愿意上幼儿园。	小班	喜欢老师,亲近同伴。	小班	喜欢观察、照料自然角。
	中班	会整理自己的物品,能控制自己的行为。	中班	理解他人的行为,学会商量。	中班	对自然界的变化敏感。
	大班	对自己的行为言语有初步的评价能力,独立完成力所能及的事。	大班	与同伴分工、合作,学会协商。	大班	了解人与自然现象之间的简单关系。
		保护自己		文明社交		探索求知
探索世界	小班	在成人提醒下能注意安全,不做危险的事。	小班	知道自己家所在街道、小区的名称。	小班	对感兴趣的事物能仔细观察,发现其明显特征。
	中班	认识常见的安全标志,能遵守安全规则。	中班	知道自己家所在的区县名称及家乡的特产和景观等。	中班	对事物或现象进行观察比较,发现异同。
	大班	能自觉遵守规则,不给他人造成危险。	大班	爱祖国,为自己是中国人感到骄傲。	大班	分析、发现并描述不同种类物体的特征或某个事物前后的变化。
		大胆创想		个性表达		善于发现
表达表现	小班	会和同伴一起唱歌、舞蹈,并产生联想。	小班	用普通话与同伴交流,用涂涂画画表达意思。	小班	喜欢观看大自然中美的事物。
	中班	在艺术活动中自然地表达自己的情感。	中班	比较连贯地讲述自己的所见所闻,用图画和符号表达自己的想法。	中班	关注自然界中事物的色彩、形态等特征。
	大班	与同伴相互配合进行艺术表现。	大班	有序、连贯、清楚地讲述事件,用图画和符号表现事物或故事。	大班	发现、模仿自然界中有特点的声音等。

表4-2 "慧阅读"课程中的学习评价量表

班级_____ 姓名_____ 日期_____

评价项目	评价内容	评价标准				评价方式				备注
		优秀 (4分)	良好 (3分)	合格 (2分)	不合格 (1分)	自评	互评	家长评	教师评	
参与程度	1. 认真参与"慧阅读"课程,积极思考,善于发现问题,勇于解决问题。 2. 积极参与"慧阅读"课程中的探究、表达表现活动。	积极思考,善于发现问题,勇于解决问题,表达表现能力和探究能力强	积极思考,善于发现问题,勇于解决问题	积极思考,发现问题和解决问题的能力一般	参与意识不够积极主动					
知识与技能	1. 知道"慧阅读"课程与日常生活联系。 2. 积极体验"慧阅读"课程,在其中解决问题。 3. 自觉运用在"慧阅读"课程中学到的知识解决实际问题,增强综合运用能力。	知道并能灵活运用"慧阅读"课程中学到的知识与技能	知道并能运用"慧阅读"课程中学到的知识与技能	知道但不会运用"慧阅读"课程中学到的知识与技能	不知道且不会运用"慧阅读"课程中学到的知识与技能					
学习态度	1. 学习目标明确,有兴趣,有思考。 2. 自主探索,自主学习。	积极、主动、热情	积极热情但缺乏主动	态度一般	态度较差					
学习方式	1. 自主学习能力强,会倾听、思考、表达、质疑。 2. 有浓厚的兴趣,参与度高。 3. 大多数采用合作学习,分工明确,能自主探究。	自主学习能力强,会倾听、思考、表达、质疑	自主学习能力较,会倾听、思考、表达、质疑	自主学习能力一般,会倾听	自主学习能力较差					
探究活动	1. 积极尝试与挑战。 2. 有不怕困难的科学探索精神。 3. 勇于质疑,善于思考,有创新意识。 4. 善于观察发现、分析、解决问题。	对发现的规律或科学结论有深刻的理解	对发现的规律或科学结论理解较浅	对发现的规律或科学结论的理解一般	对发现的规律或科学结论不理解					

续　表

评价项目	评价内容	评价标准				评价方式				备注
		优秀(4分)	良好(3分)	合格(2分)	不合格(1分)	自评	互评	家长评	教师评	
合作意识	1. 积极参与活动中的合作学习,勇于接受任务。2. 愿意合作完成任务。3. 乐于助人,愿意帮助同伴。	合作意识强,组织能力强,与同伴相互学习、提高	能与他人合作,积极帮助同伴	有合作意识,但完成任务能力不强	不能与同伴合作					
其他	1. 情感、态度转变。2. 认知水平提高。	学习态度、认知水平有很大提高	学习态度、认知水平有较大提高	学习态度、认知水平有一点提高	学习态度、认知水平无提高					
综合评价	小组评价等级		教师评价等级			备注：A 优秀、B 良好、C 合格、D 不合格				

第三节　儿童评价带来的成长

教育评价制度改革的关键在于科学解读教育评价的结果,做到以儿童发展为基础的评价。我园融合儿童哲学的教育思想,采取科学且多元化的评价指标,秉持以儿童、教师与家长为三维评价主体,经过循序渐进的架构体系与实践反思,逐渐看见了评价带来的深远影响。

从儿童层面来讲,主要有以下成效。第一,评价推动儿童的全面发展。在儿童哲学的教育理念和"慧阅读"课程的引领下,我园参照评价标准解读了儿童的能力水平。针对评价结果,全体教师进行了深思和改善,并采取了相应的举措,逐步推动儿童朝着"会阅读、乐成长、喜探究、善表达、爱运动、有自信"六大方面全面发展。第二,评价发展儿童的主体性。评价本身具有影响儿童的思想、品质和思维的功效。当代教育观强调教育要凸显儿童的主体性。"慧阅读"课程中的评价是采用他评与自评结合的形式,注重自我调节的发展过程。这样的评价充分发挥了儿童的主体作用,有利于促进儿童的自我认识、自我改进、自我提高、自我完善。

从家长层面来讲,所得成效如下。第一,评价改变家长的教育观。成才观至今影响着许多新一代家长,培养儿童健康成长是一项系统工程,家长是家庭教育的实施者和管理者,具有不可替代的作用。而科学的评价对家长形成良好的教育观具有重要的作用。以"慧阅读"课程为契机,利用多种信息技术引导家长参与评价,不仅帮助诸多家长转变自己的教育观,也能够指导家长获得良好的教养方式。第二,评价彰显家长的主体地位。儿童的健康成长是与家长息息相关的。"慧阅读"课程的评价通过激励家长参与或了解一系列相关的活动,改善家长参与家庭教育愿望不强的现状,加大家长对儿童教育的重视程度,并指导家长进行深度的家庭教育,彰显了家长的主体地位,也实现了共同促进儿童全面发展的目标。

从活动层面来讲,收获下述成效。第一,评价体现以儿童为中心的核心价值观。

只有清楚地了解儿童的当前水平，才能更好地为儿童搭起教育的支架。所以，在活动实施的过程中，评价是了解儿童当前发展情况，分析其发展需求的最好方式。从活动设计的角度来看，"慧阅读"课程评价体系能够了解班级儿童的年龄特点，成为设计活动的依据；从活动内容的角度来看，"慧阅读"课程评价体系能够看到全面立体的儿童发展，关注儿童各领域的发展；从活动实施的角度来看，"慧阅读"课程评价体系对儿童行为的记录和评价、学习案例的梳理可以帮助教师反思自己实施过程中的问题，从而进行动态的调整。第二，评价提升教师专业实践能力。"慧阅读"课程评价体系是帮助教师提升专业能力的有力方式。首先，"慧阅读"课程评价体系改变了教师的观念，改变了教师的课程执行能力，改变了教师理解儿童的方式，改变了教师关注儿童的角度。其次，"慧阅读"课程评价体系帮助教师养成了使用不同的工具记录儿童发展情况的习惯，明确儿童的发展现状和需求，并跟进相应的支持性策略。最后，"慧阅读"课程评价体系让教师在不断反思中有意识地结合班级儿童的实际发展状况，及时调整自己的教学计划和实施方案，并最终在活动目标的设计和活动内容的选择中贯穿教师的教育理念。

案例 4-1　　关注儿童的过程性体验

随着"我要上小学"主题的开展，我们在班级的阅读区投放了很多与主题相关的图画书，发现儿童对《勇气》这本书非常感兴趣，他们不仅被图画书里童趣的画面和有趣的语言所吸引，同时也提出了自己的疑问：到底什么才是勇气？结合幼小衔接的契机，我们一起走进《勇气》这本书，并将其融入我们的主题式阅读活动中……

一、活动目标

了解"勇气"的品质，尝试克服恐惧勇敢去做自己想做的事情；

产生入小学的愿望和兴趣,向往小学的生活。

二、活动网络图

在第一次集体阅读后,我们收集了儿童的诸多问题,在梳理问题后,形成了主题式阅读活动《勇气》的初步网络图(见图4-2)。

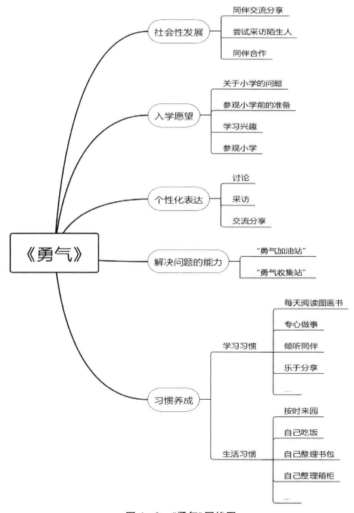

图4-2 《勇气》网络图

三、活动过程

在"我要上小学"主题背景下，儿童对小学充满着向往和好奇，每天讨论着小学里可能有什么和会发生的事，于是共同商议：想参观小学。在参观前，儿童记录下自己想要了解小学的内容和问题。我们一起整理了问题，但是如何能够获得答案呢？儿童发现有的问题需要采访小学中的教师或学生才能获得答案。

在聊到"你打算怎么寻找答案？"这个话题时，有一个儿童说："我的问题想去问小学的老师，可是我有一些不敢。"另一个儿童说："我也有点紧张，我又不认识小学里的老师，怎么去找不认识的老师收集答案啊？"当要走出校园，面对陌生的小学老师时，儿童提出了自己的困惑和问题：当面对陌生的老师与学生时，如何自信、大胆地表达自己的想法和问题。

于是，我们结合主题式阅读活动，向儿童推荐了《勇气》这本图画书。

解读图画书的核心价值，我们发现：一是认知勇气。勇气有很多种，有的令人敬畏，有的平平常常；二是理解勇气。生活中的点滴勇气，就在自己的身上，使自己有勇气勇敢面对未知的下一刻。

这本图画书与幼小衔接的关系是什么呢？儿童发展目标中指出：儿童需学习并积累与不同对象交往的经验，能主动地表达自己的意见和需求，解决交往沟通中遇到的问题。当儿童提出自己可能会产生紧张、胆怯等情绪时，教师及时关注到了儿童的心理需求和情感体验，于是，我们开展了与幼小衔接相结合的主题式阅读活动。

阅读图画书《勇气》。首先，我们开展了集体阅读和自主阅读。利用好书推荐时间，和儿童分享了这个故事。每天的自由活动和"阅读一刻"，儿童常聚集在阅读区翻阅这本书。儿童的心中都有了一份自己对"勇气"的理解。一段时间的阅读和思考后，利用主题式阅读活动中的特色活动——阅读讨论会，我们展开了对"勇气"的讨论（见表4-3）。

表4-3　勇气的讨论

问　题	阅读前，儿童的回答	阅读后，儿童的回答
你觉得什么是勇气？	勇气就是勇敢。 勇气就是打败比你厉害的人。 勇气就是你以前不敢，后来敢了。 警察抓坏人的时候最有勇气了。 消防员灭火的时候最勇敢！	勇气就是勇气。 我们每个人身上都有勇气的。 我本来不敢游泳的，现在我敢了，我就很有勇气。 我敢大声举手发言了！ 勇气就是我敢站在舞台上给大家跳芭蕾。 上小学后，我要一个人睡，我就很勇敢。 这次参观的时候，我能自己去问小学里不认识的老师。 勇气是从头再来，不怕失败。 勇气是坚持下来。

儿童通过对图画书《勇气》中画面的反复阅读和理解，结合阅读讨论会，他们认知了勇气的意义：勇气有很多种，有的令人敬畏，有的平平常常。

"勇气加油站"的活动也非常有趣。通过图画书《勇气》，儿童认识了勇气的意义。从图画书中再来面对问题：如何让自己变得更有勇气呢？这一次，儿童不再胆怯和紧张，他们积极地思考着面对陌生的环境和人可能会遇到的问题以及解决的办法，并运用在主题式阅读活动中不断积累的前书写经验将其记录下来，成立了我们的"勇气加油站"（见表4-4）。

表4-4　勇气加油站

问　题	解　决　办　法
面对陌生的环境和人，怎样让自己更有勇气呢？	我们可以做好所有的准备，就不担心了。 我们要想好自己的问题，记下来，不要问的时候忘记了。 我们可以准备一些礼物去认识哥哥姐姐。 问的时候声音一定要大一些。 找自己的好朋友一起去。

在这过程中，儿童之间的个体差异使部分儿童仍旧感受到内心的紧张和不安，于是，我们结合园内资源，给儿童进行面对陌生人交往的体验活动，如：小小护导员：与陌生家长与教师进行沟通；园际分享会：与平行班交流作品与成果；大带小活动：与弟弟妹妹进行沟通、互动……在一步步体验中，儿童学习并积累与不同对象交往的经验，解决沟通中遇到的问题。结合活动后的《勇气》讨论会，儿童在体验中感受《勇气》的内

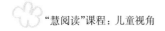

涵：勇气就是努力，点滴进步都是勇气。

自制小书——从图画书《勇气》到自制小书《我的勇气》。参观小学的活动结束后，我们开展了经验分享会。儿童用自制小书的形式进行过程性经验的分享。儿童将自己面对陌生人从不敢到勇敢的心路历程记录下来：有的儿童用长卷书描述了自己从不敢到敢的过程，有的儿童用翻页书记录了自己心情的变化，有的儿童用折叠书记录了整个采访的过程。

延续活动——再次回归《勇气》。经过多次真实体验，在过程中再次回归阅读和体验图画书《勇气》中的内容，儿童更加深刻地体会到勇气的内涵：发现点滴勇气，而这些勇气都在自己的身上。

自制小书《我的勇气》这一活动一直延续、伴随着儿童直到步入小学。儿童不断直面问题，勇于挑战，发现生活中的勇气，激励自己，积极主动解决问题。带着记录自己成长历程的《我的勇气》和敢于面对问题、自我欣赏与激励的品质步入小学，走向他们的人生……

四、我们的收获

（一）过程性评价工具

大班儿童有了较强的自我意识，同时，语言表达和符号表征的能力也有了明显的提升。我们采用自制小书这一评价工具，用图画、符号、图形等形式对自己的故事进行记录，对自己的行为进行评价。从《勇气》到《我的勇气》，儿童经历的是从书本知识到心理内化的转变过程，从不敢到勇敢直面问题、解决问题的行为途径，再到自制小书中情景再现过程中的自我肯定、自我激励的正向强化。

（二）个性化评价过程

在活动中通过儿童真实的情感需求，尊重儿童的天性和认知规律，开展基于儿童年龄特点的丰富多样的活动，通过评价儿童的能力发展、关注儿童的真实体验定制个性化评价与发展，给予多次体验，帮助儿童在情感、习惯、能力等方面做好准备。

评价实践能够引领教师发现儿童具有个性化的发展特点与需求，在评价过程中，教师要实施个性化教育支持的策略，以支持其进一步发展。无论是评价前根据儿童特质制定的个性化评价计划，或是评价后的分析与解读，并依据评价结果为儿童提供有效的成长支持策略，都围绕了评价的过程是为了体验成长、支持个性化发展。

（上海市嘉定区实验幼儿园　顾漪涟）

案例　4-2　和甘伯伯去游河

一、活动来源

（一）基于主题经验

在学习活动教参上关于交通工具的内容与要求有两条：第一，观察了解火车、飞机、轮船，体会它们给人们带来的方便。第二，了解乘坐不同交通工具的简单常识和规则，并学会遵守。基于这些内容和要求以及主题站点的提示，教师要为儿童提供适当的支持，包括在室内着手环境创设、主题墙版面和个别化材料的投放，在户外观察马路上来来往往的车辆，亲子共同制作自己最喜欢的车等等，让儿童在感受、欣赏、制作和参与的过程中积累经验，感受交通工具为生活带来的便捷。

（二）基于图画书的核心价值

结合《3—6岁儿童学习与发展指南》，分析解读图画书的核心价值。交往语言：故事中每一个角色请求上船时与甘伯伯的对话非常精彩，没有一个是相同的，这也是我们在与人交往时需要学习的部分。规则：遵守秩序，并感知遵守规则的重要性。讲文明、懂礼貌：每一个小动物在上船前，都礼貌地询问了甘伯伯，得到了甘伯伯的同意后才上船。动物习性：图画书中各种不同的动物，它们的外形特征、叫声、习性、有趣的行为都不相同。图画书本身：从图画书的每一页都能看到用单色素描勾勒出甘伯伯划船经过的地点和景致，而用色彩描述和甘伯伯相遇的主人公，引发儿童观察画面。船的结构：船的材质、功能等。

（三）基于儿童兴趣和年龄特点

投放了《和甘伯伯去游河》之后，儿童对这本书很感兴趣，我们观察识别到的行为具体如下表所示（见表4-5）。

表4-5　学习态度与具体行为表

学　习　态　度	具　体　行　为
学习兴趣	反复翻阅图画书
	前后翻页
	边看边聊（整个"阅读一刻"时间里）
	自由活动中选择这本书
动　机	主动找老师要求再讲这个故事
	喜欢看小动物乱蹦乱跳的画面，看见了就笑
	模仿翻船、小动物游泳上岸的情节

二、活动目标

了解邮轮基本结构特征，体会交通工具给人们带来的便利；

理解并感受故事主要情节，能大胆地尝试合作表演，体验同伴间共同游戏的快乐。

三、活动过程

基于对儿童阅读行为的观察和识别，我们尝试开展《和甘伯伯去游河》主题式阅读活动。

首先，我们开展了图画书阅读。集体阅读：利用"阅读一刻"的时间将这本图画书推荐给了儿童，教师完整讲述故事，旨在引发儿童对这本书的关注，进一步激发儿童阅读的兴趣。自主阅读：利用碎片化时间一起阅读，如睡前故事、"阅读一刻"、阅读区阅读、自由活动等。阅读讨论会上，教师和儿童第二次进行集体阅读，这次讲完故事后，有儿童问："为什么甘伯伯的船会翻？"瞬间，儿童讨论了起来："因为小动物们在船上乱蹦乱跳。""因为他们没有遵守规则。""我同意，甘伯伯上船的时候说好的。""船怎么会翻呢？ 船就是在水上的。跳跳跳也不会翻。""不是的，乱动就会翻。""那为什么有的船装很多很多货都不会翻，甘伯伯的船要翻？""我还看见过人在船上跳舞、唱歌，也不会翻船呀。"……

于是，我们开始了一场揭秘船的项目化学习之旅。我们在阅读区投放了很多关于船的图画书，如《交通工具》《揭秘船舶》《揭秘交通工具》《好多好多的交通工具》等等，儿童自主选择图书阅读并尝试在书本中寻找答案。我们和儿童一起创建了多块版面，包括问题版、科学版、信息版、图文版以及故事版。

接下去，我们在"小优阅读乐园"中开展了丰富多彩的活动。我们一起玩了"甘伯伯号"邮轮。（见表4-6）

表4-6 "甘伯伯号"邮轮活动内容表

游 戏 内 容	内 容 介 绍	评 价 指 标
自助餐厅	这里是用餐的地方，厨师在这里工作，桌子上的食物游客是可以随便挑选的。	有浓厚的兴趣，参与度高。经常用绘画、捏泥、手工制作等多种方式表现自己的所见所闻。
剧院	在剧院里有很多工作人员，有的是演员，有的是主持人，有的是电影院放映员……	有浓厚的兴趣，参与度高。理解他人的行为，学会商量。在艺术活动中自然地表达自己的情感。用自己喜欢的方式模仿和创作。能用拍手、踏脚等身体动作或可敲击的物品敲打节拍和基本节奏。

续　表

游 戏 内 容	内 容 介 绍	评 价 指 标
购物中心	在购物中心里有很多儿童自制的新年礼品、漂亮的衣服、各种各样的船等。	会整理自己的物品，能控制自己的行为。 比较连贯地讲述自己的所见所闻，用图画和符号表达自己的想法。 经常用绘画、捏泥、手工制作等多种方式表现自己的所见所闻或想象的事情。
游乐场	儿童利用建构区中的低结构材料搭建属于他们的"游乐场"。	能感知物体的体型结构特征，画出或拼搭出该物体的造型。
客房部	班级卧室的小床变成了游轮上的"客房部"。	能按自己的想法进行游戏。 会用礼貌的方式表达自己的要求和想法。

四、效果评价

（一）游戏中的评价

对儿童来说，生活即学习，游戏即学习，活动即学习。如果把儿童从生活、游戏及各类活动中抽离出来进行评价，无疑会打断儿童的学习过程，不容易得到真实的评价结果。而在反复阅读和游戏中，儿童渐渐提升了理解能力、表达表现能力和合作能力等。最重要的是，通过反复阅读一个故事，儿童深切地感受到了阅读的乐趣，他们对于图画书的兴趣自然而然被激发出来，并将这种好感和兴致延伸至其他故事中，儿童在反复中不断感受阅读的魅力。

（二）采用过程性评价激发儿童学习品质

由于过程性评价能够在儿童学习过程中起到良好的引导作用，因此过程性评价有利于提升儿童学习的持续性与主动性，促进儿童学习品质的有效提高。在邮轮的游戏中，过程性的评价促进了儿童在整个学习过程中的学习动力与热情的保持、学习持续性的加强。不同于结果性评价，过程性评价开展方式贯穿儿童学习始终，可以对儿童进行持续评价，是促进儿童持续学习与终身学习的重要手段，满足儿童终身发展的需求。

（上海市嘉定区实验幼儿园　吴梦宇　赵燕青）

案例　4-3　依托图画书故事，开启成长之旅

小班儿童正处于习得自我服务技能的最佳时期，图画书《十只小老鼠睡觉啦》主要讲述了十只小老鼠在做睡前准备，闹出了一系列的笑话，但它们还是能坚持自己完成这些事的故事。本书的画风简单温馨，小老鼠们俏皮可爱，深受儿童的喜爱。于是我们决定使用这本图画书来展开主题式阅读活动。

一、活动来源

（一）基于主题经验

与主题"学本领"相结合。在《学习活动》教参中关于《学本领》的主题核心经验中提及：有兴趣地学做各种模仿动作。

（二）基于图画书的核心价值

图画书《十只小老鼠睡觉啦》主要讲述了十只小老鼠在睡前分别脱衣裤、刷牙、如

厕、洗澡、找玩具、喝水、躲猫猫、看书、拉窗帘、送晚安吻的故事,虽然小老鼠们小小的,自己做这些事情时也会闹出一些笑话,但他们还是能坚持自己完成这些事情。根据小班儿童的年龄特点,这本图画书中也加入了一些点数的元素。儿童在看书时也可以指指、数数,充分调动了他们阅读的兴趣。

随后,我们根据《3—6岁儿童学习发展指南》对图画书的核心价值进行了解读。健康领域：在帮助下能穿脱衣服或鞋袜;能将玩具和图书放回原处。科学领域：能手口一致地点数5个以内的物体,并能说出总数;能用数词描述事物或动作。艺术领域：乐于观看绘画、泥塑或其他艺术形式的作品。

(三) 基于儿童兴趣和年龄特点

第一,前期经验。我班儿童在之前的活动中玩过体育游戏四只小老鼠、常玩手指游戏小老鼠上灯台、学过沪语童谣《小老鼠上灯台》。他们对小老鼠可爱机灵的形象非常熟悉,也很喜欢小老鼠。第二,年龄特点。爱模仿是小班儿童的年龄特点,他们喜欢模仿书本中一些卡通形象的动作、表情等等,在阅读《十只小老鼠睡觉啦》时,会模仿小老鼠们可爱、搞怪的表情。

二、实施与评价

(一) 阅读活动

1. 前期阅读

首先,自主阅读。我们在班级图书角的好书推荐版块推荐了图画书《十只小老鼠睡觉啦》,儿童在"阅读一刻"时可以拿起图画书独自或和同伴一起说说看看。其次,集体阅读。我们与儿童共读《十只小老鼠睡觉啦》,在阅读的过程中,儿童也会跟随图画书内容进行讨论。最后,图书漂流。儿童将图画书带回家中与爸爸妈妈一起阅读,听爸爸妈妈讲讲小老鼠的故事,玩玩书本中的游戏。在此过程中我们对儿童的学习态度进行了记录(见表4-7)。

表 4－7 儿童的学习态度记录表

学 习 态 度	具 体 行 为
学习兴趣	反复翻阅图画书
	前后翻页
	自由活动中选择这本书
学习动机	主动找老师要求再讲这个故事
	对书本内小老鼠做的事感兴趣
	喜欢看小老鼠不会自己动手照顾自己的画面,看见了就笑

2. 阅读分享会

我们通过好书推荐、自主阅读、图书漂流、小组阅读等方式开展阅读活动,经过一段时间后,儿童对图画书《十只小老鼠睡觉啦》已经积累了比较丰富的经验,于是我们展开了阅读分享会,对儿童的兴趣点加以收集与整理(见图 4－3)。

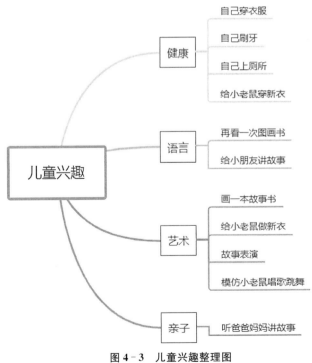

图 4－3 儿童兴趣整理图

（二）延伸活动

1. 亲子活动

（1）亲子表演故事

儿童在阅读区利用头饰、图画书等和爸爸妈妈一起，看看图画书，演演故事中的内容。

（2）亲子环保时装秀

在讨论想做什么时，一名儿童提出："我想给我自己设计一件衣服！"这个想法马上得到了其他儿童的认同。于是，我们便结合了迎新活动，邀请家长和儿童一起来参加"老鼠宝宝迎新会"。家长们和儿童一起使用废旧材料以及其他的装饰材料制作时装并走秀表演。

2. 我长大了

我们请家长拍摄了一些儿童在家自己动手的照片，并将其布置在主题墙上。儿童可以和同伴一起看着主题墙上的照片，说说他们在家里会自己做什么，数数有多少朋友会自己刷牙、洗脸等等。在教室门口也有一块可以与儿童互动的环境，在这里每个儿童都是一只小老鼠，他们可以将自己的头像放入相应小老鼠的纸杯内，表明这是他们已经会做的事情或者是新学会的事情。

3. 我的小手本领大

儿童提出："鼠老大都不会自己穿衣服，我们可以帮帮他。"于是我们将生活区的娃娃换成了小老鼠，儿童可以给小老鼠穿衣服。

4. 小老鼠穿新衣

结合过新年的主题，儿童在美工区可以自由地给小老鼠们设计衣服、裤子、裙子等等，还可以给小老鼠做做帽子、围巾、手套、鞋子，让小老鼠也在新年里穿上新衣服。我们用KT板和磁贴制作了小老鼠的形象，儿童可以给小老鼠穿上已经制作好的新衣服。

我们将开展的延伸活动及活动的主要指向进行了梳理（见图4-4）。

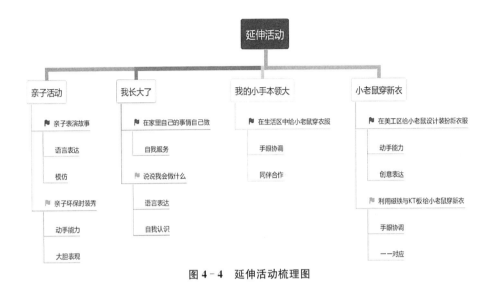

图 4-4　延伸活动梳理图

三、效果与反思

(一) 基于儿童能力发展的思考

1. 迁移图画书的能力

活动中儿童的阅读不只是停留在平面的图画书中，而是通过各种形式的阅读、小组讨论等将阅读活动立体化、丰富化，在这个过程中体会小老鼠自己动手的快乐，并能愿意在生活中尝试，儿童的自我服务意识在逐步养成。我们结合《3—6 岁儿童学习发展指南》中小班儿童健康领域"在帮助下能穿脱衣服或鞋袜；能将玩具和图书放回原处"两条目标解读了这本图画书，并在活动过程中关注儿童的能力发展。我们发现：在教师的鼓励下，儿童从一开始的直接寻求成人的帮助，慢慢地到现在一部分儿童已经能自己完成力所能及的事，儿童在生活上的技能得到了提升，且他们也乐意并喜欢自己去做这些事情，具有迁移图画书的能力。这种延续性的自我服务说明儿童充分体会了图画书《十只小老鼠睡觉啦》中的精神和情感，将图画书的价值最大化。

2. 表达表现的能力

《3—6岁儿童学习与发展指南》中艺术领域和语言领域的教育目标指出"创造机会和条件，支持儿童自发的艺术表现和创造""为儿童提供良好的阅读环境和条件""鼓励儿童自主阅读，并与他人讨论自己在阅读中的发现、体会和想法"。在活动过程中，儿童的感官受到了充分的调动，他们在绘画时对色彩的选择、线条的流畅度都有了明显的进步；在语言表达方面，我们引导儿童仔细观察画面，根据图画说出自己的发现和想法，他们在思考与表达的过程中，慢慢完成了从短句和词语到长句的转变，语言表达更完整；通过对图画书画面的观察以及亲子时装秀活动，儿童也渐渐萌发了对美的初步欣赏。

3. 提出问题与解决问题的能力

在活动过程中难免会碰到困难和问题，这时就需要儿童去发现问题、分析问题、解决问题。如：本次活动中儿童在给小老鼠制作新衣服的过程中发现使用固体胶很难将绒球黏在衣服底板上，经过交流分享的讨论，儿童认为使用双面胶会更牢固一些。再次尝试后发现虽然使用双面胶比固体胶更加牢固，还是容易掉落，经过讨论，他们认为绒球是圆圆的、凸起的材料，可以用相同颜色的纸张揉成球形来代替绒球，这样可以使装饰品更为牢固。儿童在遇到困难时，并不像一开始时急于向成人求助，而是通过一次次交流分享、对材料的观察、活动过程中的自主尝试等多种途径来尝试解决问题。在这样反复的过程中他们积累了许多解决问题的方法与经验。

4. 小组合作的能力

活动过程中儿童有一定的分工意识，能与同伴商量每次的活动内容，与同伴间的关系更为亲密。他们愿意和同伴一起游戏，愿意帮助同伴解决问题，在各个活动区内活动时也能与同伴共同分享材料，收获了和同伴之间的友谊，掌握了初步的合作技巧与方法。

（二）基于儿童学习品质的思考

1. 好奇与兴趣

儿童对图画书《十只小老鼠睡觉啦》始终有阅读的兴趣，愿意主动去阅读图画书，并对图画书中的情节、画面感兴趣。儿童能主动参与主题式阅读活动且始终对材料、玩法充满好奇。

2. 坚持性

儿童在活动中具有一定的坚持性,表现在能专注地阅读一本图画书,能认真完成自己的作品,遇到困难时愿意在成人的鼓励下不断进行尝试,能坚持完成自己选择的操作材料等。

3. 想象和创造

本次主题式阅读活动以儿童为主体,他们参与活动的讨论与设计,大胆讲述自己的兴趣和可以做的事,在艺术创作时能按照自己的想法为小老鼠设计衣服,表演故事中可能发生的情节,创编故事内容等等,充分发挥了他们的想象力与创造力。

（上海市嘉定区实验幼儿园　王　洁　金　悦）

第五章

"慧阅读"课程的专业引领

在"慧阅读"课程的理念引领下,我们的教师潜心研究,以实证为切入点,通过实践探索与深度研修,积累了主题阅读活动的有益经验,增强了课程意识,优化了课程实施,提升了课程领导力。教师们用自己的专业与勤修、敬业与务实、求精与创新,对"慧阅读"课程深入探索,改变了自己的专业实践方式。

第一节　领航：骨干教师

古有云：学虽有专攻，术亦有穷欤。我园骨干教师潜心研究"慧阅读"课程，在主题式阅读活动中，以儿童主体为本位，以儿童的发展为核心。结合多元的阅读活动，在过程中不断观察儿童，认识儿童，以情动情，以趣激趣，引导儿童与图画书共情，学会移情。

骨干教师用自己专业与勤修、敬业与务实、求精与创新的钻研精神，带动青年教师课程执行的能动性和积极性，引领他们不断探索阅读的魅力。

案例　5-1　在阅读中发现儿童

我们幼儿园是一所以阅读为特色的幼儿园，遵循"慧阅读，乐成长"的课程理念，着力开展"慧人、慧书、慧馆"三慧模式的"慧阅读"活动创新实践，在课程中以"主题式阅读活动"为抓手，以图画书为载体，创设满足儿童快乐阅读的"小优阅读八乐园"，力求让阅读真正成为幼儿园文化的基因，成就智慧团队，培育智慧儿童。

在形式多样的阅读活动中，儿童常常有令人惊喜的精彩瞬间，我们也会捕捉到儿童的行为表现，那么关注到行为后我们教师要做些什么呢？我认为儿童评价是非常重要的。在阅读活动后，我们尝试去做儿童评价，也想要在一日课程中渗透，以此来推动儿童在各类阅读活动中的多元化发展。

故事产生的背景是在一次《三只小猪》的主题式阅读活动中。儿童在阅读了这本经典图画书后，对书中的内容产生了极大的兴趣，并且在反复阅读后产生了各种各样的话题。有的说要帮小猪造一幢更坚固的房子；有的说要在房子上装一些高科技的设备；还有的说要为小猪设计一双能快速逃跑的溜冰鞋。这个故事就发生在溜冰鞋这一话题中。

有三个儿童,即心心、宸宸和聪聪,他们决定为小猪设计一双溜冰鞋。心心说:"我们可以把想要的溜冰鞋样子先画下来,就像建构区里造房子一样,然后照着做。"宸宸说:"那我来画。"聪聪说:"我也想画。"心心说:"我画画最好,应该我来画。"聪聪说:"那好吧。"宸宸说:"但是我也想画。"三人争执起来。看到这个情况,我马上跟进将儿童的行为表现记录下来,并设计了评价表格(见表5-1)。

表5-1 儿童行为评价表1

儿童	行 为 表 现	行 为 分 析
心心	提议先设计图纸再制作溜冰鞋。	活动时具备一定的规划性。
	"我画画最好,应该我来画。"	1. 儿童比较强势,在活动中以自我为主导,尝试用自己的优势来达到自己的目的,并能清楚地表达出来。 2. 没有合作完成活动的意识。
宸宸	不同意心心的提议,坚持自己的想法。	1. 在活动中坚持自己的想法。 2. 没有合作完成活动的意识。
聪聪	提出自己的想法,被反驳后马上妥协。	1. 在活动中儿童有自己的想法,但是碰到挫折容易放弃。 2. 没有合作完成活动的意识。

针对三位儿童,我分别给出了不同的后续推动:

针对心心,我鼓励她将已有解决问题的经验运用在实际的活动中;针对宸宸,我表扬他能够坚持自己的想法,同时和心心一样,鼓励他去思考,当三人都想画时可以用什么方式来解决这个问题;针对聪聪,我鼓励他将自己的想法和其他两位成员分享,在碰到困难和阻碍时,引导聪聪坚持自己的想法并尝试去解决困难,而不是一味地逃避和妥协。在教师的干预下,他们用石头剪刀布的方式决定谁来执笔设计。

设计图纸完成后,三位儿童开始讨论溜冰鞋最核心的部位——鞋底的滚轮该如何制作。心心说:"我们可以将乐高的轮子直接粘上去。"宸宸说:"黏上了这个轮子就不能滚了。"聪聪说:"那就假装一下好了。"心心说:"不行的,假装的话小猪要被大灰狼追上的。"聪聪说:"那我也没办法了。"心心接着说:"我们去问问看老师吧?"(见图5-1)。

图 5 - 1　心心尝试直接将乐高滚轮固定在雨鞋上

当了解了事情的经过后,我飞快地在脑海里勾勒出一张儿童评价表(见表 5 - 2)。

表 5 - 2　儿童行为评价表 2

儿童	行　为　表　现	行　为　分　析
心心	直接选用乐高轮子作为溜冰鞋鞋底的滚轮。	思维较活跃,迁移能力强。
	主动向成人求助。	碰到问题有解决问题的欲望。
宸宸	反对心心的提议,认为直接黏上去的轮子是不能滚动的。	考虑问题比较周全,并且具备了一定的预判能力。
聪聪	提议:假装一下就好了。	碰到问题时思考比较浅显,缺乏实际可操作性,且容易放弃。
	消极放弃:那我也没办法了。	

根据以上的分析,我请心心、宸宸去材料区再找找有没有更合适的材料,并提供了关于溜冰鞋的相关书籍,帮助他们在制作时参考。鼓励聪聪碰到问题时不要轻易放弃,多思考解决问题的可能性。在过程中引导他多和心心、宸宸沟通,学习他们碰到困难时的积极态度和解决问题的经验方法。

在以上的故事中,当我捕捉到了儿童的行为,我会有意识去做儿童评价这件事情,坚持在阅读活动中观察、在活动后评价,这也让我收获颇丰。

首先,这种评价的价值在于助推活动的完善。当儿童在活动中产生行为后,我们就会分析儿童产生行为的原因及其背后的价值,从而对儿童产生评价,评价的价值并不是单纯地对儿童个人做定性评价,也不是过多地去分析儿童的性格、习惯等因素,而是助推阅读活动的有效开展。如当半数以上儿童在阅读活动中分散注意力,对一本书的持久度下降,那我就会从投放的图画书分析思考,是否是图画书种类太少或是和儿童的当前兴趣与经验不符,那我们就会调整图画书的种类和数量等,以帮助阅读活动的顺利开展。

其次,评价目的能够促进儿童的发展。在阅读活动中,我们对儿童的评价是以过程性发展为导向的。在过程中我们更多地观察儿童在阅读活动中的过程性表现,且是一个连续事件中的连续表现,这样的评价结果是比较科学和客观的,也正好体现了评价的目的是为了促进儿童更好地发展这个理念。

最后,评价内容是聚焦学习品质。评价的内容指向我们在阅读活动中观察儿童的哪些行为?是所有的都要捕捉吗?显然不是的。在当前主流学习背景下,我们都深知关注儿童学习品质的重要性和必要性。所以在做儿童评价时,我们会更多关注儿童在阅读时的坚持性、在阅读延伸活动中的创造性、在思考问题时的思辨能力等。

阅读对儿童是终身有益的事情,在阅读中发现儿童、在阅读中科学评价,使阅读更优质,让儿童更聪慧。

(上海市嘉定区实验幼儿园 张 益)

案例 5-2 以情激情,与图画书共情

一本本优秀的图画书就像一个个丰富的宝藏,它们是非常重要的教学资源。很多图画书是以情感为主线贯穿始终的,使儿童在不知不觉中经历一次次情感旅程,可谓

"润物细无声"。

一、案例概述

《房子，再见》这本书的主人公是一只小熊，他们要搬家了，家具都已装进货车，但他觉得旧家里有什么被遗忘了。于是，爸爸妈妈带他回忆了一遍旧家以前的样子，抱着他跟房子的每个角落说再见。小熊跟整栋房子说完再见后，才安心地离开，往新家出发。

对于幼儿园的大班儿童来说，幼儿园即将成为人生中的第一个驿站，成为成长的一个阶梯，这本书中所蕴含的价值观也与主题活动《我要上小学》目标非常契合，正好可以作为情感教育的起点。

活动的目标在于：借助这本书，设计一个系列活动，让儿童感受离别，学着表达离别之情、感恩之情，激发他们对未来的无限憧憬。

活动的设计思路是对儿童进行情感教育，仅仅停留在唤醒的层面是不够的，尤其是到了大班，除了唤醒，还应该迁移，更需要表达。所以，在设计时把整个情感旅程分为四个部分，即共情、移情、动情、抒情，通过一系列活动激发儿童对幼儿园、对教师、对同伴的情感。

我们运用各种方法开展了一系列活动：

首先，通过集体阅读来共情。共情，理解故事，产生共鸣。讲故事的核心目标就是把平面的故事进行立体呈现，让儿童在近似真实的情境中理解故事，再进入角色中体验故事，帮助儿童实现自己对故事意义的建构，体会故事角色的情感。为了让故事立体地呈现在儿童眼前，让儿童进入故事，活在故事中，故事被编排成两段：第一段用PPT一幅多图的方式，出示房屋各处图片，提问："猜猜这个房子里还有小熊的什么回忆呢？"以前小熊在楼梯上玩儿、小熊高兴时会在地板上打滚、小熊最喜欢它的小沙发了、爸爸妈妈陪他在客厅里看电视……小熊的生活似乎展现在儿童的面前，儿童就变成了小熊，绘声绘色地讲着小熊的快乐回忆，感受房子给小熊带来的快乐。

其次,通过主题讨论来达到移情。移情,感同身受,迁移情感。第二天的"阅读一刻",儿童都在热烈的讨论着《房子,再见》的故事,也已经把对小熊的理解迁移到自己的生活中,突然琪琪说:"我们马上要离开幼儿园了,要和幼儿园说再见了!"同伴一听,马上激动了:"是呀,我们就要毕业了! 我们也要离开这里了!"我马上问他们:"毕业时,你想和什么说再见呢?"儿童的回答丰富多彩:大型玩具、小花园、种植园地、教学大楼、紫藤架……经过一番讨论,有人提出想模仿《房子,再见》这本图画书,做一本《幼儿园,再见》来纪念自己的幼儿园生活,和幼儿园告别。

和故事里的小熊一样,他们来到幼儿园的角角落落寻找属于自己的美好回忆。我则紧随其后,听听他们在想什么? 说什么? 听了大家对大型玩具、沙坑等设施的回忆后,我提醒他们幼儿园里除了这些玩具、场地之外,还有什么陪伴在你们的左右? 孩子们一听马上想到了老师、门房老伯、保健医生等。于是他们又开始争先恐后地说起了自己和他们之间的故事。每个人都有说不完的故事,他们已经不知不觉地把小熊对家的留恋之情,转移到自己对幼儿园、对幼儿园里的老师们的留恋之情。共情、移情也都是为了动情打下基础。诗人用文字来记录自己的情感,但是年幼的儿童还不会写字,这时用绘画的形式来表达自己的情感就是最合适的,既是表达又能怀念。一张张画纸、一幅幅美丽的画都是他们感情的表达。无论是紫藤架、沙池、跑道、大型玩具,还是老师和朋友,在儿童的心里都是回忆的对象。为了更像图画书,我们发动了家长一起参加到活动中,为图画书添加上了简单的文字,留给他们一个值得纪念的毕业礼物。爱要大声说出来! 当你表达的时候就是感情最丰富的时候,儿童的语言可能很简单,但是经历过前三个阶段后,每句话都是从心出发、由爱出发,真情实意地表达出自己心中的感情。

在六月底毕业典礼结束后,孩子们纷纷来到操场、跑道、沙池……和幼儿园里他们喜欢的每一个角落说"再见"。他们来到保健室,和每天为他们晨检的医生们说"再见";来到教师办公室,和已经不教他们的老师说"再见";去传达室,和老伯伯们说"再见"。

最后他们带上自己的图画书,带着不舍之情,带着对未来的憧憬,站在大门口,和幼儿园说"再见"。

二、成效与展望

儿童在以下方面有所发展：一是乐于观察。在过程中对于儿童来说有一个难点，就是画面上的虚线到底代表什么？是这个东西还在客厅吗？还是这个东西不见了呢？就这个问题，我们不断翻阅图画书，寻找答案，终于发现原来这些家具都变成了美好的回忆藏在了小熊的心里，一起带去了未来。通过不断对图画书的研读、画面的对比，儿童在一次次翻阅中仔细观察虚实结合的画面，从书中找到自己的答案。二是乐于表达。打破了原有教师提问儿童回答的固有模式，让儿童在充分阅读后畅所欲言、生生互动。集体阅读时提出自己的疑惑，自主阅读时交流自己的发现，寻找回忆时分享自己的点滴回忆，听听别人的赞扬，接受别人的建议，都让儿童在活动中能乐于表达自己。三是乐于创新。在绘画过程中，儿童大胆地利用丰富的色彩，创作出一幅幅具有童趣的画面，真实地体验了一次当小作者的感觉。刚开始儿童只能创作出单幅的画面，慢慢能观察封面和底面，最后甚至创作了高难度的画作。相信通过这样的系列活动，能让儿童敢于创新、乐于创新。

这样的活动对教师而言也有很大收获。一是要跟随儿童，设计后续活动，给予儿童更大更多更充分的表达表现空间。通过活动，我们发现儿童乐于表达，特别是对于大班的儿童来说，他们需要一个更大的舞台去表达去展现，而不是按部就班地跟着老师一步步走。所以老师要为儿童创设更多更广阔的舞台，调动儿童的主观能动性，才能让儿童各方面有更好的发展。教师要及时捕捉儿童的兴趣点。大班儿童已经有很强的自我想法，教师要做的是不急于得到自己想要的答案，静下心来倾听儿童在说些什么、讨论些什么、需要些什么。与儿童达成共识的、满足他们需要的活动才更富有意义。二是明白图画书选材的重要性。在开展主题式阅读活动时的图画书选择很重要，首先要考虑到主题的核心价值，其次需要在过程中发现儿童真正喜欢的图画书，最后要把图画书与儿童的生活经验相联系，这样实施的过程中才能效果最大化，真正把图画书做到儿童心里去。三是要把握儿童年龄特点和认知特点,结合儿童发展指南,设计系列活动。不同年龄的儿童在认知、语言发展和情绪情感的表达都存在差异,因此不能用单一模式进行阅读系列活动的实施。在《房子,再见》的研究中,我们可以发现儿童其实有非常细腻且强烈的情感,却缺少一个可以抒发的出口,也不知道该如何表达。结合《3—6岁儿童学习与发展指南》中对于大班儿童前书写的要求,可以帮助儿童用绘画的形式来表达自己的情感。

总而言之,通过《房子,再见》案例,我收获了很多关于在开展主题式阅读活动中的小妙招,同时也有些不足,如:在设计和实施阅读活动的过程中,对于儿童在不同形式阅读过程中的所言所行关注度还要更加强,才能更好地体现阅读回归儿童本体。

(上海市嘉定区实验幼儿园　朱濛钰)

案例　5-3　邂逅主题式阅读

近年来,在区学前教育大视野课程"慧雅阅读"项目的引领下,结合我园"慧阅读"课程,以"主题式阅读"活动为抓手,立足于儿童的需求与发展开展了由"一本图画书"引发的"一系列多元的活动",旨在通过这种形式提高儿童的学习品质,促进其全面发展。教师从最初的迷茫无措到渐入佳境,在过程中不仅儿童有所发展有所收获,我们同样收获着研究的快乐,体会到主题式阅读活动带来的无穷魅力。

开展主题式阅读活动起初,我们常常会进入这样的误区:"我们应该选择什么样的图画书开展活动? 这本图画书能开展丰富多样的活动吗?"首先,我们发现这样的思考角度以教师的主观意愿为先,从而忽视了从儿童的兴趣需求出发;其次,教师忽视了主题式阅读活动的真正价值所在,流于形式,从而缺少了开展的实际意义。那么如何有效开展主题式阅读活动呢?《气球小熊》主题式阅读活动的开展给了我不小的思考与触动。

图画书《气球小熊》描写的是小熊生气、难过、受到惊吓等负面情绪时会越涨越大最后导致爆炸，而当小熊开心时他会慢慢飘向天空的内容。图画书内容较简单，语言重复较多，同时又伴有象声词，这些都是引起儿童兴趣和关注的部分。儿童对于《气球小熊》深深喜欢并不时地进行翻阅，与同伴模仿气球小熊的形象。基于儿童的兴趣所在、情感需求和主题活动的内容要求，我们的《气球小熊》主题式阅读活动之旅就这样开启了。

第一次导读图画书后，儿童在运动后自发生成了体育游戏"变大啦"，通过不同的肢体动作来表现变大的过程，有的通过双脚之间的张合，有的通过腮帮子鼓起，有的通过头发的竖起等等。他们在一次次感受"变大"的过程中体验到了快乐，他们愿意通过这样的表现方式来抒发自己的感受、体验和情绪。"变大"游戏中儿童从起初的模仿到之后不同肢体动作的表现，让我们感受到了儿童在过程中的创造力。

第二次的共读，儿童对故事有了更深的理解，他们会尝试用"气球小熊……的时候，它会越涨越大，越涨越大，啪——砰，变得软趴趴"和"只要它……，又变回了可爱的小熊"等较长语句复述故事内容。儿童不再满足于单纯的表达，他们有了表演的欲望。在与儿童的讨论中，我们得知儿童需要熊妈妈和小熊头饰，我们将图画书中小熊形象头饰投放到美工区，鼓励儿童用不同的表现形式来装饰自己心中的气球小熊。师幼的道具共建激发了儿童故事表演欲望，直观的材料更能满足儿童的表演需求。

第三次我们以《气球小熊》为引子，推动儿童将小熊的不同情绪迁移到自己的生活中，他们会产生共鸣并乐于分享自己的经历。为了满足儿童想要表达的愿望和需求，唤起他们的生活经验，我们进行了一场阅读分享会(见表5-3)。

表5-3 阅读分享会话题与儿童回应

话　　题	儿　童　回　应
1. 你什么时候会很难过	幼1：妈妈批评我的时候会难过 幼2：妈妈不给我买好吃的时候会难过 幼3：我的冰淇淋掉地上了会很难过 幼4：踢足球的时候，踢到腿上会很难过

续 表

话 题	儿 童 回 应
2. 难过的时候,你会怎么样	幼1:我会哭的 幼2:我会躲起来,不想说话 幼3:难过的时候我会嘴巴翘起来 幼4:难过的时候我会像棉花糖一样软绵绵
3. 别人难过的时候,你会怎么做	幼1:我会跟他说不要哭了 幼2:我会和他一起玩 幼3:我会拿着餐巾纸给他擦眼泪 幼4:我会拍拍他
4. 什么事情让你很开心	幼1:骑自行车很开心 幼2:我们一起听故事很开心 幼3:一起看书、一起玩玩具很开心 幼4:在幼儿园吃到好吃的饭很开心
5. 开心的时候,你会怎么样	幼1:开心的时候我会哈哈大笑 幼2:我会抱着妈妈 幼3:我会跳起来 幼4:我会像气球小熊一样飞起来,不会爆炸
6. 怎么让自己快乐起来	幼1:每天来幼儿园我就很开心 幼2:吃自己喜欢的东西 幼3:和好朋友在一起 幼4:不开心的时候找大人帮忙

从分享中,我们不难看出儿童对于不同的情绪表现已经有了客观的认知,同时在情绪的关注上会从关注自身转向同伴,会结合自己的生活经验对同伴表达关心,对于幼儿园也从陌生到逐渐适应并渐渐爱上。

主题式阅读开展以来,我们在摸索、在思考如何挖掘主题式阅读活动的价值? 如何精准地把握活动的价值? 在实施过程中,我们拨开云雾,逐渐清晰。

首先,课程内容从单一到多元。在主题式阅读活动中,课程内容不再局限于传统的语言活动,而是通过"一本图画书"转向于"一系列活动"的形式。除了涉及语言领域内容外,同时还包含了健康领域、社会领域、艺术领域等等。课程内容以图画书为载体,探索多元的阅读方式和途径。

其次,活动回归儿童本位。主题式阅读活动始终从儿童的兴趣出发,以儿童的学习需求为先，我们要以儿童为活动主体，教师通过观察聆听儿童、捕捉儿童的兴趣点来开展符合儿童经验以及能力水平的多元活动，以此促进其多元发展。我们关注儿童学习发展的整体性，尊重儿童发展的个体差异，理解儿童的学习方式，重视儿童的学习品质。

接着，找准教师定位。以往我们多以教师的主观意愿来开展活动，而主题式阅读活动让我们更加静下心来观察儿童需要什么，追随儿童的需求进行推动与支持。这样生成的活动是来源于儿童的，会促进儿童学习的主动性。这便是教师定位的退后给予儿童更多自由发展的空间。

最后，保持静待花开的心态。人们常说："一百个人心中有一百个哈姆雷特。"在主题式阅读开展的过程中，我们也发现儿童对于图画书的理解和感受是不相同的，我们尊重和支持他们的想法。同时通过"图画书阅读→儿童兴趣解读→设计活动→图画书阅读→儿童兴趣解读→设计活动……"，基于图画书的核心价值，结合儿童的学习兴趣推动其在主题式阅读活动中主动学习。在尊重个体差异的情况下，基于儿童视角，从儿童外在行为的背后解读儿童的内在需求，让活动真正发挥其最大价值。不急于求成，扎实地开展活动，便会发现不一样的精彩。

开展主题式阅读活动以来，儿童在阅读中体验，在体验中感受，在感受中发展，在发展中获得快乐！这样的快乐旅程让我们继续实践，继续前行……

（上海市嘉定区实验幼儿园　张　丽）

案例　5-4　来自儿童的灵感

对于大班的儿童来说，当他们走出幼儿园，跨入小学校门之际，需要适应新的学习生活与环境、新的学习任务和要求、新的同伴和教师互动交往方式等，这会对儿童的身体、心理、情感、认知、行为方式等方面造成前所未有的压力。作为幼儿园教师的我们，该如何帮助大班儿童做好各项准备，轻松入小学呢？我觉得可以发挥图画书的价值，从主题式阅读活动入手。

基于主题经验，《3—6岁儿童学习与发展指南》中指出5—6岁儿童"对小学生活有好奇心和向往"，同时也提出了"带领大班儿童参观小学，讲讲小学有趣的活动，唤起他们对小学生活的好奇和向往，为入小学做准备"的教育建议。"学习活动"中，关于"我要上小学"这个主题的内容和要求是：熟悉、了解如何爱护和正确地使用学习用品；逐步习惯独立整理和保管好自己的用品；初步了解小学生的学习和活动，向往当个小学生；模拟小学生的生活，初步感受小学生的学习活动；体会我们已经长大并以愉快的心情迎接毕业。

其次是基于图画书核心价值。图画书《大卫上学去》讲述了大卫上学后，在学校发生的一系列故事，大卫的身边有了其他的小朋友，他必须得学会与别人相处，并且遵守学校里的种种规则。

最后，梳理儿童的相关问题。投放图画书《大卫上学去》后，儿童经历集体导读、自主阅读、亲子共读，我们意识到儿童对于图画书内容、小学这个场所以及上小学这件事情是非常感兴趣的。具体表现在：谈论图画书中大卫的上学经历、知道幼儿园毕业了就要上小学、谈论关于毕业以后要去哪所小学的话题、知道自己即将要上的小学、对小学的校园环境和小学生活很好奇。

我们对儿童们进行了采访，发现他们的问题大致如下（见表5－4）：

表5－4 儿童"上小学"的问题

类　　别	具　体　问　题
什么样？	1. 小学里面是什么样的？真想去看一看。 2. 小学里的哥哥姐姐是怎么上课的？ 3. 到了小学里，我想念现在的老师和朋友怎么办？ 4. 小学里都是陌生人，找不到朋友怎么办？
吃什么？	1. 小学里午饭吃什么？ 2. 会像幼儿园一样有自助餐吗？

类　　别	具　体　问　题
干什么？	1. 小学里的作业多不多？ 2. 小学里除了上课还玩游戏吗？ 3. 中午还睡午觉吗？能做什么？可以玩吗？

基于儿童的兴趣和需求，我们和儿童共同设计实施了关于上小学的主题式阅读活动，活动开展的过程中，我们也看到了儿童的变化。下面就主题式阅读系列活动的其中一个内容具体展开。

在谈到即将从幼儿园毕业进入小学时，有的说"我不想和我的朋友分开"，有的说"到了小学，我一个人都不认识，会不开心的"，还有的说"上小学以后，我还能再见到我的朋友吗？"……

可见，儿童对于上小学除了憧憬与兴奋，也有着焦虑和不安。基于儿童的情感需求，我们共同预设了"我要上小学"的内容，并在实施过程中不断生成和充实，共分为以下四个阶段。

第一阶段是我的小学调查。调查自己将要进入的小学，并在家长的帮助下收集关于小学的资料，如小学的建筑外形、教学特色等。通过调查初步了解小学的环境、文化等，进一步激发对小学的向往之情。

第二阶段是和朋友一起上小学。寻找与自己上同一所小学（或小学距离较近）的朋友，形成小组，共同设计制作版面，画自画像、签上自己的名字。将各自收集的关于小学的资料进行梳理、汇总，并以不同的形式进行呈现（卷卷书、翻翻书、日历书等）。这样的形式一定程度上缓解了儿童的升学焦虑感。（见图5-2）

第三阶段是我们的美好时光。儿童们回忆起在幼儿园的点点滴滴："幼儿园的自助餐太好吃了！""我最喜欢陶老师弹琴，我们一起唱歌！""我们一起搭积木最有意思了！""秋天的时候，老师带我们出去玩树叶，好美！好开心啊！"三年幼儿园生活化为儿童们笔下一幅幅动人的画面，汇集成一本书，儿童给它取名《我们的美好时光》。这本三十页的自制书，满载着的是儿童对老师的感恩，对同伴、对幼儿园生活的留恋。

图5-2 "和朋友一起上小学"作品

第四阶段是给弟弟妹妹的一封信。马上要离开幼儿园了,大家也有话对弟弟妹妹说,他们打开信纸,写上对弟弟妹妹的寄语,投入信箱。再把信箱搬到中班,把信件交给弟弟妹妹们,还为弟弟妹妹朗读信件,充分体验成为哥哥姐姐的自豪感。

幼小衔接是人生的一个关键转折点,要从发展和提高儿童自身的内部适应能力入手,帮助儿童实现两个不同教育阶段的顺利过渡。我们应该在积极的情感体验中从儿童心理需求的本质出发,实现幼小衔接之间心理的柔和过渡,让儿童保持入学的最佳心态。

在整个活动中,教师的理念发生了转变。首先是充分了解儿童的学习方式。儿童是学习的主体,是学习的主动者。因此我们要做好儿童学习的引路人,引导儿童去探索、发现、合作和个性化表达。当教师关注了儿童的学习兴趣、真实需求,以儿童的问题为导向生成设计活动时，儿童的学习方式也在不断地转变，他们更愿意主动地发现问题、发起活动、解决问题，体验成功的快乐与满足。同时也有助于儿童质疑、逻辑思维、表达表现等一众良好学习品质的养成。

其次是提升了教师的课程领导力。一是基于儿童的视角。有时教师费尽心思创设的学习环境、提供的操作材料，儿童却并不"领情"。教师需要捕捉儿童的兴趣点，关注儿童的真实需求，选取对儿童有发展价值的内容，才能真正引发儿童自主地参与到活动中。当我们从儿童感兴趣的内容中去挖掘、分析有共性问题的价值点来设计活动、拓展儿童的新经验时，我们会发现教师的理念也在不断地发生转变，同时提升了教师的课程领导力。二是关注儿童的情感。在教育实践中，教师往往会出于各种原因更关注儿童的能力发展，而忽视儿童的情感体验和情感教育。情感对于儿童来说本身比较抽象，较难把握，因此致使许多儿童在情感方面得不到健康的发展。对此，我们首先应观察、倾听，了解儿童的情感需求；其次应理解、支持，重视儿童的情感需求；最后应尊重、关爱，满足儿童的情感需求。

（上海市嘉定区实验幼儿园　　陶春燕）

第二节　研究：教研活动

教研活动是教学工作的先导，是提高幼儿园保教质量、优化课程质量、提高教师专业能力的关键所在，也是提高教师反思能力的一条有效途径。

在"慧阅读"课程的理念引领下，以实证研究为切入点，通过实践探索，积累开展活动的有益经验，优化自身的课程执行力。

案例　5-5　园本研修，智慧成长

在我园"慧阅读"课程中，"阅读社会"这个内容是一个让儿童走出园所，参与和体验社会活动的平台，能够逐步拓展儿童的社会性意识和认知，实现全面的发展。我们通过专题教研的引领，以参观体验系列活动为切入点，用探索学习的方式开展活动，通过自主和合作相结合的研究方式，引领教师开展实证研究。在此过程中，我们不断反思和优化，积累了大量的优质经验和成果。教师的专业能力得到了发展，儿童的多元能力也得到了提高。

一、慧阅，推动教师发展

尊重和满足儿童的发展需求是教师设计和实施课程的出发点。在实践过程中，教师们研究儿童，从阅兴趣到阅需求，再到阅发展。整个过程中，教师的课程设计力、实践力、创造力得到了质的飞跃。

首先，挖掘资源，拓展课程。本组重点设计大班儿童的"阅读社会"实践活动。选择怎样的社会资源是我们首先思考的问题。我们共同罗列了周边有价值的资源，又根据大班儿童的关键经验和兴趣进行选择，如图书馆、博物馆、美术馆、孔庙、消防局等等。过程中，教师的意识变得多元和开阔起来。一是实现家园联动。"让家长参与课程原来很有效呢！"这是教师们的感慨。在教师选择"阅读社会"地点的时候，尝试征求家长的意见。家长们不但出了很多好主意，也自愿担任志愿者，提供相关的资源便利。如在参观图书馆时提供自己的借书卡给儿童真实体验或在博物馆中担任部分讲解。这样的支持不但帮助活动深入开展，也带动了儿童的主动性，让阅读社会活动成为家园共育的桥梁。二是体现班本特色。在"阅读社会"系列活动中，班本化特色得到彰显。教师通过和儿童的讨论确定地点和探索体验的内容。每个班级儿童的兴趣和方向不同。如在阅读孔庙的活动中，有的喜欢观察古代建筑，有的则对孔子的故事更感兴趣。三是挖掘资源价值。在设计和实施的过程中，教师越来越善于挖掘多元资源的价值，包括家长资源、文化资源、公共资源等等。这些资源的有效利用为儿童拓展了探索学习的时间和空间，让活动变得丰满而有内涵。

其次，整合课程，推动发展。在探索实践中，教师们根据儿童的兴趣设计系列活动，有效推动了儿童学习能力的经验。在"阅读社会"的活动中教师们进一步尝试整合各类活动，建立经验链，鼓励个性化表达。如在探秘图书馆的系列活动中，教师在活动内容上结合图画书《图书馆的狮子》的阅读讨论、参与整理幼儿园图书馆、亲子参观图书馆、小组探索图书馆、设计和调整自己班的图书馆等等活动，将一日生活中的高低结构活动和相关资源有效整合起来。在一个个活动中，我们看到了教师的思维越来越缜密，对活动结构的把握越来越合理，视角也越来越儿童化，教师把握课程的能力得到提升，也有效推动儿童的发展。

接着，勤于反思，聚力成长。反思是教师成长的助推力，有效的反思和总结可以帮助教师快速成长。在"阅读社会"的活动实践中，我们在教研中共同探讨儿童行为背后的发展需求，思考更有效的支持推动的方式方法。通过一次次的思考和碰撞，我们的教师在两个方面有了显著的转变和提升。其一是支持儿童用自己的方法表现。在探秘图书馆后，儿童的表现形式丰富多样：有的选择用绘画的方式表达自己的想法；有的用建构的方式展示自己的收获;有的把自己的想法创编成书《揭秘图书馆》;还有的用书本上找到的内容或参观拍到的照片来给大家介绍说明……不同的儿童有自己的发展优势和偏向,在接受同一信息后内化经验的形式也不一样,教师给予儿童更多的空间,让他们用自己喜爱的方式来呈现自己的发现,不但激发了他们的学习主动性,也鼓励儿童个性化的展现自我。其二是相信儿童的自我挑战。儿童会有很多听上去不可思议的计划,这个时候需要教师的充分支持。比如在阅读孔庙活动中,儿童都想把自己的研究内容全部分享给中班的弟弟妹妹,这听起来难度很大。但是我帮助他们一起策划、制作、邀请、实施,这些小老师们成功地把自己的经验分享给了弟弟妹妹。

最后,整体研究能力的提升。经过逐步的实践研究,教师们能够运用科学的态度对待研究。在对儿童的行为进行观察时能运用简单的数据和量表来进行记录,在分析儿童的行为时能够尝试结合理论和经验,在调整后也能继续观察后续的成效,这体现了研究过程的完整性。

只有在这样的过程中,教师才能体验完整的研究,关注儿童的成长和收获。这也是教师们渐渐变得更专业的足迹。

二、慧读,护航儿童成长

首先是儿童在探究中发展多元能力。在一次次"阅读社会"系列活动中,儿童的发展是教师们深入研究的动力,我们惊喜于儿童能够和我们一起沉浸于阅读的快乐,获得多元的发展。

儿童更善于观察。在活动中,儿童的观察能力有了进一步提升,从盲目观察到有意观察,能关注到自己周围事物的变化。儿童的观察不再浮于表面,他们会从自己感兴趣的事物出发,通过观察思考事物的根本,在观察过程中思考能力不断提高。

儿童更勤于表达。活动过程中,儿童能够使用绘画、符号、文字等形式将自己的观察、想法、问题进行记录,增加了思维逻辑能力。通过活动后的分享交流、问题墙的提

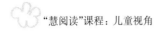

问回答，儿童进行生生互动，充分表达各自的想法和观点，表达表现能力进一步提高。

儿童更乐于创作。在建构活动和绘画活动中，儿童能够自主选择材料，有创意地进行创作。通过探索不同的材料，了解材料的特性，在创作中得到了更大的乐趣。

儿童更喜于合作。项目化学习中，儿童会碰到相同的问题，也会对同一个问题感兴趣，鼓励儿童自主结对，协商分工合作地进行学习。儿童喜欢与同伴一同探索，每个儿童在小组中都担任了不同的角色，发挥自己的特长。

儿童更善于学习。首先，在项目化的学习过程，当有生成的内容时，儿童会自行查阅资料，收集数据。在这过程中，儿童自主获得了经验，体现了儿童学习的主动性，提升了学习的品质。其次是在快乐中体现幼小衔接。学习能力的培养是幼小衔接的一个重要内容。自我服务、勇于探索、团队意识、公共规则、礼貌待人等等也是儿童们顺利适应小学生活的重要能力。在"阅读社会"的过程中，儿童尝试和教师、家长、同学以外的人进行沟通，体验不同公共场所的规则，这些珍贵的体验帮助他们成长，实现更全面、有效的幼小衔接。

阅读社会，智慧成长，成长的是儿童，也是教师。在"慧阅读"课程的引领下，我们不断创新、实践、反思、进步。我们的成长之路还很长，我们的成长之心已经乘风起航！

（上海市嘉定区实验幼儿园　张晓敏）

案例　5-6　教研引领，让教师更专业

2012年，教育部颁布了《幼儿园教师专业发展标准》，提出教师在专业发展上要"师德为先，幼儿为本，能力为重，终身学习"。在我园"慧阅读"课程的专题教研过程中，不同层次的教师在团队学习氛围中都能获得成长，更实现了儿童的多元发展。

近年来,我园园本教研立足于我园"慧阅读"特色课程的实践研究。基于教研内容,我们中班教研组开展了"阅读自然"活动中"儿童学习主动性的培养——以户外探索活动为例"的专题研究。

在研究初期,老师们产生了许多困惑:"阅读自然"包含哪些内容?该如何实施活动?可以运用什么活动形式?于是在教研活动中,我们聚焦问题,以户外探索活动为切入点,通过自主和合作相结合的研究方式,引领教师围绕问题情境开展实证研究。

一、开发资源,聚焦核心价值

自然,广义上指的即是自然界、物理学宇宙、物质世界以及物质宇宙。我园的阅读自然即在这样的大背景下,意在引导儿童亲近自然,关注大自然的变化。因此,利用教研活动,我们充分挖掘幼儿园、社区周边资源,根据中班儿童的年龄特点及发展需求,建立了"阅读自然"的资源库,帮助教师寻找开展活动的契机,同时帮助儿童拓宽视野并积累相关主题经验和生活经验(见表5-5)。

表5-5 关于自然的关键经验和图画书支持

主	题	关 键 经 验	图画书支持
中班	幼儿园	观察园内小花园中各种花草树木的四季变化,进行一些简单的科学探索活动。	《我爱幼儿园》《植物的奥秘》
	公 园	认识常见的植物花卉,感受不同季节的特征和变化;观察公园内的房屋、设施,了解园内人员的不同工作内容。	《花婆婆》《花园里有什么》
	沥江果园	认识常见的蔬果和家畜;尝试采摘蔬果,喂养小动物。	《爱吃水果的牛》《蔬菜水果的秘密》
	动物园	认识常见的动物,能够了解并区分它们的外形特征、习性等。	《大棕熊的秘密》《动物园之旅》《我家是动物园》《秘密动物园》

二、更新观念，实现自我成长

通过本学期的教研活动，教师能够有意识地从教师本位转变为儿童本位。立足于儿童的需要，从儿童身上寻找与发现有价值的兴趣点或问题，通过各种活动和儿童一起解决问题，制定计划、实施计划、总结改进，这个过程是在一学期的教研过程中一步步逐渐发展的。我欣喜地看到教师们能够基于儿童发展需求进行主动思考，实现从教师本位到儿童视角的观念转变。大家在设计与实践过程中更多地思考：儿童们要什么？他们的经验是什么？……

如在春天，看到儿童在户外观察中对花丛中的蝴蝶特别有兴趣，大家确立了研究的主题——蝴蝶。于是，通过大家的共同商议，架构出研究的大框架，即从户外探索、个别化学习、集体活动、游戏等方面多途径多形式开展研究。在专题研讨中，结合各班在实施过程中总结的经验，我们得出了一些经验和实施建议：每个班级的切入点会不一样，随儿童的兴趣点而定；项目地图中罗列的各个内容的开展顺序也不一样，也根据儿童的兴趣而定，也就是说内容可以相似或增减，开展的先后顺序也不同；原先设计的高、低结构的内容会随班级儿童的兴趣转换。这是开展教研活动后教师们根本性的转变和发展（见图 5-3）。

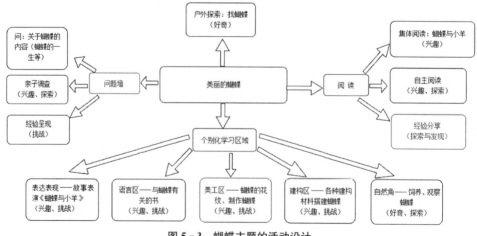

图 5-3　蝴蝶主题的活动设计

三、创新实施,能够学以致用

在教研前期问题梳理时,我们发现的问题主要集中在两方面:一是以往教师在开展"阅读自然"活动时,只是设计一个环节或一个活动,较少会根据儿童感兴趣的问题展开系列活动。因此活动较为零散,没有延续性,缺乏对课程整体的实施把握。二是大部分教师依赖于园本课程中的活动内容,实践情况大同小异,教师自主开发的活动较少,开展的活动类型与样式也较为单一。为此,我们运用了多种理念方式进行探索。

首先是科学量表分析。针对开学初期针对教研主题存在的问题,我们通过各个实际案例的分析研究,借助各种科学的量表和观察记录,一个个活动的研讨调整,教师们基于儿童设计活动的意识和能力大大提升。

其次是项目学习模式。项目化学习是一个"提出问题、建立联系、个性化表达"的过程,让学习者有充分的自主权来选择学习主题,整个学习过程尊重个人学习风格和偏好。这种学习模式适合中班儿童的年龄特点和发展需求,相较于单一领域的学习活动,项目化学习从儿童的兴趣点切入,通过自主的、低结构的小组活动激发儿童的学习兴趣,培养儿童的好奇心以及挑战精神,有着更全面、更有针对性的优势。为此,我们尝试以项目化学习为载体,借助提出问题、建立联系、个性化表达的模式开展实践研究。

最后是与STEM课程整合。STEM课程以整合的教学方式培养儿童主动学习的能力并能灵活迁移应用解决真实情境中的问题。在"项目化户外探索活动——果实"的设计之初,我们找寻到了其与"STEM课程蔬果超市项目"之间的关联。

一问:我们开展"项目化户外探索活动——果实"的目的是什么? 是在实施过程中,推动儿童学习的主动性,项目化户外探索活动是一个提高儿童学习主动性的载体。

二问:实施"STEM课程"又是为了什么? 儿童生来就有像科学家那样的探索意识,他们试图像科学家一样对周围的世界提出自己的疑问,探索、建立自己的理论来认识周围的世界。STEM教育的模式契合了儿童的天性，激发和支持儿童主动学习，用以培养儿童对现实生活的关注；培养他们的"工匠精神"和创造性解决问题的能力；培养他们学科融合和知识迁移的能力等。

在充分解读后，在"果实"项目中我们融合"STEM课程"，推动儿童主动学习，与儿童共同研究榨汁机的制作，通过设计图纸、小组制作、展示交流等环节，使儿童的活动趋于丰富。

本学期，教师们在教研过程中，形成几篇较成熟完整的案例，可以看出教师在设计和实施项目化学习的过程中，能够满足儿童的兴趣，充分利用安排一日生活的各个环境做到有机的结合，教师的反思和分析也比较深入，这表明本学期的教研推动了教师设计实施活动的能力。

四、研之有"悟"，促师生共成长

追随儿童的脚步，关注教师的困惑，梳理有效的教育策略，才能更好地助推儿童的发展。在一次次的"头脑风暴""奇思妙想"后的实践与研究中，我们欣喜地看到儿童的变化与教师的变化：

首先对于儿童来说，一是学习兴趣方面，更多关注周围世界，更主动地了解大自然的奥秘。二是探究经验方面，能运用多种探究方式来进行活动，对大自然的认识逐渐增长。

当然对于教师来说也有很大帮助，一是理念在转变，更多关注儿童的兴趣点，基于儿童的问题开展活动。二是行为在转变，抓住户外探索中出现的教育契机，拓展创新设计与实施活动的能力。三是思维习惯在转变，开始慢慢习惯去观察并思考儿童行为背后的原因，进而发自内心的认同。

可见，通过系统、持续地专题教研，我们组内教师渐渐学会用理性的眼光去分析与解读儿童，同时也在不断学习用科学的方法确立活动主题、设计项目地图，长期地、持续地围绕儿童的发展来思考、行动，这也真正地体现了实证教研的价值。"慧阅读"特色课程的实践研究让老师的教研越研越主动,越研越科学,越研越智慧,也让每一个儿童的自主学习看得见,更让儿童们在丰富多元的阅读活动中获得体验、提高、发展!

(上海市嘉定区实验幼儿园　翁　逸)

第三节　成长：青年教师

托尔斯泰说过："正确的道路是这样：吸收你的前辈所做的一切,然后再往前走。"诚然,因为我园骨干教师们的倾囊相授,将自己所积累的经验无私分享给青年教师,青年教师才能快速又稳健地茁壮成长。

当然,师父领进门,修行在个人。务实积累,天机云锦终为我用。青年教师们在自身的实践中、骨干教师的专业领航中,不断积累经验、认识儿童、提高自身专业能力,更是对"慧阅读"课程有了自己的深入理解与探究。

> **案例 5-7　　和儿童一起邂逅一场中国风**

在主题式阅读活动的实践中,我们打破了以往上一节课、看一本书的传统阅读模式,以儿童兴趣、主题线索为主导向来开展活动,无论是图画书的选择还是各类活动的开展,均以儿童的兴趣为前提,教师从活动的发起者、引领者逐渐向活动开展的支持者转变。今天我就和大家分享《老鼠娶新娘》这个主题式阅读活动中儿童的一些精彩瞬间以及在这个过程中自己的成长历程。

一、倾听——来自儿童的声音

儿童对图画书《老鼠娶新娘》中的娶新娘环节十分感兴趣,他们会在游戏中模仿图画书中的美叮当和阿郎来拜堂,在一次游戏中我听到了这样一段对话：

A：一拜堂是拜天的,我在电视里看到的。

B：不对不对，二拜堂才是拜天，一拜堂是拜爸爸妈妈。

C：新郎三拜堂结束就要掀新娘盖头。

D：不是要在入洞房的时候掀吗？

……

听到儿童的谈论，我在想：他们在生活中接触到的都是现代婚礼，对于传统婚礼基本没有接触，因此在游戏中才会出现对婚礼流程不清楚等问题。面对儿童对于传统婚礼的热情和遇到的问题，我又该如何支持和推动呢？该提供哪些丰富多彩、可操作的、能引发儿童兴趣的学习环境和材料？于是，我默默地在班级书架上新增了一些书，如《揭秘中国传统婚礼》《传统婚礼大百科》《三书六礼》《欢迎来到中式婚礼》等，希望通过这些书籍让儿童对于中国传统婚礼习俗能有一定的了解。

二、等待——静候别样的精彩

一周后，欢迎来到我们的"婚礼现场"：迎亲队伍热热闹闹排成一列，媒婆走在队伍前边扭着腰，新郎和新娘在大家的祝福中一拜堂、二拜堂、三拜堂来入洞房！儿童玩得不亦乐乎，图画书中关于中国传统婚礼习俗的核心经验也完美融入其中。

我在根据儿童需求支持儿童学习的同时，明白了一本书是不够的。我们在开展主题式阅读活动的过程中，可以用很多书进行补充，图画书是融会贯通的，这正体现了我园"慧阅读"课程下，多角度、多形式的阅读活动组织与实施途径，提高儿童的阅读兴趣，并在阅读的过程中逐步培养阅读能力，提升儿童的阅读素养。

三、支持——追随儿童的脚步

在一次角色游戏中，孩子们又玩起了《老鼠娶新娘》的婚礼游戏，可能是有了相关的经验，他们已经不满足于之前的简易婚礼了。"我看到婚礼上新娘要盖红盖头的""古代新娘都是坐轿子结婚的""结婚要放鞭炮的"，听到了他们在游戏中的对话，我的脑中已经开始思考如何回应。思维导图在心里缓缓铺开：集体活动传统婚礼、亲子调查共同收集传统婚礼习俗、在班级中创设各类与传统婚礼相关的版面等等。但是当我冷静下来后，仔细思考，这真的是儿童想要的吗？面面俱到就是好的回应方式吗？还是让我来问一问吧。

在游戏分享时，我请孩子们上来分享婚礼游戏，他们也提出了自己的问题和想法，互动积极热烈，从迎亲队伍的乐器到嫁妆的制作，你一言我一语大胆而自信地表达出自己的想法，我也将他们的讨论结果记录了下来（见表5-6）：

表5-6 儿童关于"婚礼游戏"的讨论结果

儿童需要	讨论结果	教师支持/儿童自发解决
迎亲队伍里的乐器	可以用小舞台里的乐器	儿童自发解决
新郎和新娘的装饰物	新郎的头饰可以自己制作，新娘的头饰可以剪一块红布	儿童自发解决
轿子	可以用大纸箱涂上大红色	教师支持
"喜"字	可以请老师剪好模板，之后自己剪	教师支持
嫁妆	可以用材料区的材料制作礼物盒、灯笼、鞭炮等	教师支持/儿童自发解决

激烈的讨论会过后，儿童所需的婚礼物品基本都有了着落，有的需要他们自己收集或者制作，有的则需要老师的支持。我将时间都交给了儿童，有时候我们不妨往后退两步，将舞台都留给儿童，细心倾听他们的心声，或许他们会还我们一个别样的精彩。

在主题式阅读开展的过程中，儿童的阅读不仅仅停留在平面的图画书中，而是通过各种形式的阅读、小组讨论等将阅读立体化、丰富化，从而充分体会图画书中的精神和情感，使图画书的价值最大化。活动中儿童善于发现和思考问题并自主进行讨论，如儿童提出结婚气氛不够热闹，缺少迎亲道具的问题，他们围绕这个问题进行了讨论，并决定利用材料区中各种材料对照着图画书进行创意制作。儿童提出问题、解决问题、小组合作、表达表现的能力都得到了提升。

在主题式阅读活动的过程中,有很多这样的学习故事,我们只要静心观察、细心分析、精心回应,从儿童行为记录到行为背后的综合分析与识别,从儿童当下发展需要到儿童今后发展可能的支持与机会创设,这样的主题式阅读活动便会成为一种自然而然的专业习惯。

最后,我想说中国传统图画书源远流长,浸润着中国传统文化的底蕴和根基,我们的儿童必然是未来中国文化的传承者,而阅读就是一座桥梁,愿每一个儿童都能爱上阅读,享受阅读。

(上海市嘉定实验区幼儿园 姚婧怡)

案例 5-8 看见儿童,看见自己

"围绕一本书开展一系列活动,在活动中激发儿童的学习主动性,提高儿童的学习品质"是我园实施主题式阅读活动的重要精髓和行动标杆。作为青年教师,在这样一种教育理念的引领下,虽然在组织实施的过程中时常还会有些磕磕碰碰,可也在摸索前行中收获不少。我将本期主题式阅读活动的内容聚焦于图画书《冬天里的弗洛格》,以呱呱小舞台为切入视角,从而见证自己的点滴收获与儿童的全面成长。

一、看见儿童的学习——初级版呱呱小舞台

琦琦、榕榕、乐乐、睿睿聚在呱呱小舞台,经过初步的商量和挑选,定下来各自的角色——琦琦为弗洛格、榕榕为小鸭、乐乐为小兔、睿睿为小猪。

"弗洛格"在地上摔了一跤,"小鸭"对他说:"弗洛格,我们一起玩溜冰吧。"两人手拉手转了几圈,"弗洛格"坐在地上,一动不动。"小兔"和"小猪"走来,说:"和我们一起

运动吧,运动就不冷了。"两人带着"弗洛格"在舞台上来回跑了数圈。"弗洛格"接着坐在地上,一动不动。

过了一会儿,"小猪"说:"我没有背包。""小兔"说:"没关系,你可以假装啊。"表演继续进行着,"小猪"说:"我们没有雪球,怎么打雪仗?"

这下,所有的人停下了表演,在小舞台东瞅瞅、西看看,并开始讨论起来:"用乐器沙球假装做雪球吧!""不行不行,雪球是圆圆的,而且是白白的。""用头饰做雪球?""可是头饰不是圆的。""那拿白色的雪花片吧!""雪花片太小了。""我有好办法,用这个报纸这样捏一捏。"经过一段商讨后,四人用报纸揉制了数个报纸球,在小舞台上玩起来打雪仗……

"站稳十分钟"是教师观察和记录儿童学习行为的一种有效方式。不同于往常,我选择了以旁观者的身份观察和记录儿童的一举一动。儿童的表情、动作、语言、解决问题的方式等等是随着他们自己的学习进程而发生变化的,遇到问题后,儿童能够调动自己已有生活经验进行思考和处理问题。这一系列的学习过程让我意识到儿童自主学习的重要性,这不仅凸显了儿童的主导性作用,也是身为教师的我后退一步之后给予儿童的发展带来的重要意义。例如,面对道具雪球的问题,教师的放手使得儿童有了更大的想象空间和更多的机会去自主挑选和制作,儿童在相互比较、分析、讨论后进行创意制作,再把成果拿出来进行表演,这个过程除了使儿童获得满足感和成就感外,也是儿童自主学习的过程。

二、看懂儿童的学习——中级版呱呱小舞台

背景:基于初次的表演,教师与儿童共同制作不同的道具并投放(人物服装:纸箱＋现成;雪球:纸球等;家:垫板;树枝:报纸揉制;增添:围巾、背包等等)。

天天、源源、米米、阳阳、乐乐是表演小队。源源为弗洛格、米米为小鸭、乐乐为小兔、阳阳为小猪、天天为主持人。五人各自穿戴好自己的服装,摆放好场景道具,表演便正式开始了。

主持人说："一天早上,弗洛格醒了。"源源弗洛格跟着主持人的台词,伸了伸懒腰。

主持人说："外面下雪了,弗洛格走出去,摔了一跤。"源源弗洛格从垫板上走下来,摔倒在了地上。

主持人说："小鸭子来了。""小鸭"走到源源弗洛格旁边,说:"我们一起溜冰吧。"两人来回跑了两圈,源源弗洛格坐在了地上。

主持人说："小猪来了。""小猪"背着背包走来,源源弗洛格问:"你冷吗?""小猪"说:"我不冷,我喜欢冬天。"

主持人说："小兔来了。""小兔"跑来,说:"我们一起运动吧。"

随后,五人一起玩起来打雪仗。

过了一会儿,主持人说："孔雀来了,你们一起跳舞。"米米听后,拿了一块绿色的纱巾披在自己身上,跑到源源弗洛格面前跳起来舞。

主持人又说："小鱼游来了,你们一起游泳。"乐乐双手放在胸前,做起游泳状。米米跟在乐乐后面,说:"我是大鲨鱼,我也来帮弗洛格。"阳阳说:"我是小猫,我要和弗洛格一起睡觉。"……

在这段实录里,我看懂了儿童的学习能力有一个质的飞跃。作为青年教师,不仅要看见儿童的学习,也要学会看懂儿童的学习,解读儿童的行为和需求以便对症下药。在本次的学习活动中,儿童的学习能力的提升主要体现在同伴交往、合作、语言表达、故事创编、故事的深度理解等等方面,这些是儿童学习能力的外显表征,是教师发现儿童学习得以提升的砝码。在尝试看懂儿童的学习过程中,我深刻地意识到:要真正看懂儿童,不是粗略地解读儿童表面的言行举止,而是要看懂各种行为背后的真正要义。唯有搞清楚、弄明白,才是真正地看懂儿童的学习。

在主题式阅读活动中,我真切地感受到了从看见儿童的学习走向看懂儿童的学习的重要性,这具有十分重要且深刻的现实意义。在多元阅读实践中,遵循提升儿童学习主动性的宗旨,关注儿童学习品质的培养是我们当下最应着手去做的事情,也是当务之急。观察、记录、分析、理解是教师看见儿童学习的关键,而透过现象看到儿童行为举止的本质则是看懂儿童学习的核心。在今后呱呱小舞台还会更新续集,发生更多精彩且别样的趣味故事，我会将这些点滴收获珍藏，继续用一双会发现的眼睛拾集，不断地去观察、去分析、去理解、去解读……

（上海市嘉定区实验幼儿园　曾艳红）

案例　5-9　依托图画书故事情境，开启智慧阅读之旅

我是一名工作了四年的青年教师，目前执教于小班。对于学龄前的儿童来说，兴趣是他们学习的动力，只要是他们感兴趣的事物，就算是一幅简单的画面，他们都能反复看很久。当我发现儿童的兴趣之后，如何借助某种手段去推动他们的自主学习、调动他们的学习主动性呢？这一直以来都是我的困惑，直到我们开始展开主题式阅读活动。

图画书《十只小老鼠睡觉啦》主要讲述了十只小老鼠在做睡前准备，闹出了一系列的笑话，但它们还是能坚持自己完成这些事的故事。根据小班儿童的年龄特点，图画书中也加入了一些点数的元素，儿童在看书时也可以指指、数数，充分调动了他们阅读的兴趣。本书的画风简单温馨，小老鼠们俏皮可爱，我发现图画书中丰富多样的图画总是吸引着儿童们的目光，于是结合当下儿童的阅读兴趣，我与儿童共同讨论设计主题式阅读活动内容，在这过程中我与儿童一起成长着。

一、从图画书出发，开启成长之旅

儿童在"阅读一刻"时总是喜欢拿起图画书《十只小老鼠睡觉啦》独自阅读或和同伴一起说说看看。他们常常看着图画书进行讨论："你看鼠老大把衣服脱得乱七八糟！我已经会自己穿衣服了！""鼠老三尿尿都尿在身上了，还把草纸拉得好长好长，真好笑!""鼠老四洗澡的时候弄得到处都是水! 我上次在家自己洗澡,妈妈说我洗得很干净"……书本中的内容引起了儿童的共鸣,这些发生在小老鼠身上有趣的故事深深地吸引着他们的注意。

儿童提出:"鼠老大都不会自己穿衣服,我可以帮帮它吗?"于是我们将生活区的娃娃换成了小老鼠,儿童可以给小老鼠穿衣服。他们一起收集自己不穿的小衣服,拿到幼儿园来给小老鼠穿,并在给小老鼠穿衣服的过程中尝试扣纽扣、拉拉链等。

对于刚刚进入小班的儿童来说此时正是发展自我服务能力与意愿的最佳时间段,不同于以往填鸭式的说教模式,我将班级环境布置成温馨小家的模样,并增加了一些书本中小老鼠的形象,将生活区的娃娃替换成老鼠玩偶,希望通过环境暗示的方式,潜移默化地让儿童进行自我服务。

我发现,这一段时间内儿童自我服务的意识在逐步养成。儿童从刚入园时直接寻求成人的帮助,到后来自己尝试后寻求成人的关注,慢慢地到现在一部分儿童已经能自己完成力所能及的事,儿童在生活上的技能得到了提升,且他们也乐意并喜欢自己去做这些事情。

我终于了解到,原来关注儿童的兴趣点,借助书本中的情境可以激发儿童的学习主动性,通过小老鼠诙谐有趣的例子,激发了他们主动学习的意愿,通过环境暗示让儿童主动去学习生活上的技能,帮助儿童在游戏情境中自然而然地习得相应的技能。

二、从兴趣出发,实施个性表达

在阅读书本一段时间后,儿童的兴趣开始转移到图画书中的细节——十只小老鼠不同的穿着以及床单花样上。一名儿童率先提出:"我想给小老鼠画一件新衣服!"这个想法马上得到了同伴的认同,他们也加入了这个话题:"天气冷了,我妈妈给我买了很多新衣服,小老鼠也要穿新衣服了!""我想给小老鼠做一条粉色的裙子。"……

于是,结合过新年的主题,我们在美工区创设了活动小小设计师。儿童可以自由地给小老鼠们设计衣服、裤子、裙子等等,还可以给小老鼠做做帽子、围巾、手套、鞋子,让小老鼠也在冬天里穿上新衣服。在给小老鼠制作衣服的过程中，儿童的感官受到了充分的调动，他们在绘画时对色彩的选择搭配以及绘画线条的流畅度都有了明显的进步。

当看到儿童做好了一件件漂亮的新衣服时，我不禁开始思考：已经做好的衣服仅仅只能当做展示用吗？它们是否还有其他作用呢？正好在益智区内我们设计了服装搭配的游戏，于是我将换装的人像替换成了小老鼠的形象，并开始有意识地引导儿童给小老鼠制作套装，套装制作完成后便放入益智区，儿童可以使用磁贴将这些不同风格的套装给小老鼠穿，在这样的过程中，他们也能慢慢习得一一对应的方法以及初步的对美的欣赏。

主题式阅读活动让我明白了不同区域之间也可以产生自然的联动，它们不再是独立的个体，而是可以互相渗透的，这种渗透使活动更具有延续性，儿童的活动兴趣时间也更长。

三、从专业出发，思考活动价值

作为一名青年教师，本次主题式阅读活动开展时，小班儿童才入学两个多月，刚刚度过了分离焦虑期，但家长和儿童还未适应，家长们常常会在班级群内请教师帮助儿童穿脱衣物、帮忙拿相应的回执、帮忙上厕所等等。但通过这次活动，我给家长看了大量的活动照片、视频以及统计的相关数据，大部分家长的理念也开始转变，他们开始相信儿童，逐步放手，群内的声音也变成了请老师提醒儿童去做什么事情。我想这也是在活动时老师专业理念的传递，以及家长们自己看到的儿童的改变，让他们渐渐放下心来，建立了家园间信任的纽带。

对于我而言，在我刚踏上工作岗位的时候，图画书对于我来说只是一个简单的辅助工具，当我需要达成什么目标时，就开始寻找适合的图画书，设计一节集体教学活动，然后就把图画书放在一边。但通过对主题式阅读活动的探索与实践，我发现图画书是一个良好的载体，是可以延续的。我学会了当拿到一本图画书时，仔细阅读、观察画面、寻找图画书的中心思想,然后根据指南对图画书的核心经验进行解读,用心去挖掘图画书中所蕴含的内容,并用一种儿童可以充分操作体验的形式将其呈现出来,在这样的过程中,我追寻专业能力的脚步也在向前继续迈进。

　　在选择图画书时,我们通过对儿童的细致观察以及对他们兴趣的把握,在活动中充分利用环境的暗示,调动儿童的感官,从一开始以生活为主的活动,后来拓展到语言、美工、益智、表演等方方面面都有涉及。活动中我始终相信儿童具有主动学习的能力,给了儿童充分的活动空间和话语权,在与儿童的不断讨论中,使得整个主题式阅读活动越来越丰富,这样才能让本次活动发挥最大的价值!

　　　　　　　　　　　　　　　　（上海市嘉定区实验幼儿园　　金　悦）

第六章

"慧阅读"课程的家园共育

◆　　◆

　　丰富多元的"慧阅读"课程,不仅仅是在幼儿园的一日活动中进行,更是充分潜隐在每一个家庭之中,亲子朗诵会、图书漂流、书香家庭等阅读活动让家长浸润其中,亲身体验了课程的内涵,享受了课程全过程的乐趣。"慧阅读"课程唤醒了每个家庭的阅读潜能,提升了家庭共读能力。可以说,家庭已成为课程变革不可或缺的一部分。

　　"慧阅读"课程,润泽每个儿童的童心世界,更有效提升家长、社区等社会各界对我园的认同感。

第一节 营造良好阅读氛围

在课程实施过程中,我们发现"慧阅读"课程的开展过程中,家长是不可或缺的"主力军"。因此,通过亲子阅读活动,搭建亲子阅读桥梁,我们与家长共同为每个儿童创设了良好的阅读氛围。

嘉定文化底蕴深厚,历来崇文重教,文脉相承,素有"教化嘉定"之美誉。实验幼儿园立足区域文化底蕴实施特色活动——"慧阅读"课程,既是对区域文化的传承,也是探索学前教育高质量发展的有益尝试。

第一次接触"慧阅读"课程是在开学不久的一次小班家长会上,实验幼儿园的苹果老师为家长们带来了一场"打开一扇阅读的窗,开启一生爱的旅程"专题亲子阅读讲座。令我印象深刻的是苹果老师用生动活泼的语言向家长展现图画书《母鸡萝丝去散步》的亲子阅读全过程。在现场聆听的我,被扣人心弦的故事情节深深感染,一下子激起了我为孩子阅读图画书故事的冲动。令我欣喜的是,采用老师传授的讲故事技巧,我的首次"半专业"亲子阅读得到了孩子的充分认可。当我边讲边模仿狐狸扑空的神态时,她一下子被我逗乐了。我猜想,那次奇妙的亲子互动阅读体验,已经在孩子心中种下了一颗阅读的种子。

阅读不能凭一时兴起,需要保持持久的热情。幼儿园通过图书漂流的形式,满足家长和孩子定期阅读图画书的需求。还记得孩子刚刚入小班时,一开始我很担心她会因为不适应集体生活而哭闹。在第一次来到幼儿园参加开学前的亲子活动时,老师给大家讲了图画书《抱抱》,简单的语言、夸张的动作一下子吸引了原本胆怯的孩子。回到家后,我惊讶地看到她能运用图画书中"抱抱"的语言与家庭中的每位成员拥抱。这是我第一次亲身体会到阅读的魅力,不禁让我对孩子三年的幼儿园生活充满期待。果不其然,开学后老师又推荐了一系列适合小班初期儿童的图画书:《你好》让孩子学会打招呼;《小乌龟上幼儿园》《劈里啪啦系列》让孩子愿意尝试自理。这些图画书陪伴着她顺利度过了小班分离焦虑期,稳定了她的情绪,从而每天对上幼儿园产生了期待感。

通过亲子阅读,我和孩子慢慢建立起良好的亲子关系。伴随着孩子的成长,她的阅读量渐渐增加,选择的图画书内容也不断丰富。图画书故事表演、创作自己的图画书、续编图画书故事……层出不穷的阅读形式,激发起其阅读兴趣。渐渐地,孩子养成了每天回家阅读图画书的习惯。在潜移默化中,她从被动阅读逐渐转变为主动阅读。孩子会要求我买更多的图画书,也会在图书馆里认真挑选自己喜欢的图画书,安静地享受阅读时光,有时还会主动要求去参加社区的阅读课程……通过阅读,她不仅仅增长了见识,开拓了视野,并且因良好的阅读习惯,连续获得幼儿园"阅读小达人"的荣誉称号。

从小班到大班,孩子浸润在"慧阅读"课程中。我发现,埋藏在她心中的阅读种子在不断发芽。现在她不仅主动阅读图画书故事,还乐于和老师同伴分享阅读到的故事,勇于尝试图画书故事表演,懂得爱惜自己的书……这些变化让作为家长的我感到万分欣喜。

我很庆幸孩子能在实验幼儿园度过有益有趣的三年时光,很高兴全家都能参与到幼儿园的"慧阅读"课程中。我相信"慧阅读"课程的教育理念能给孩子未来的成长留下宝贵的精神财富!

(上海市嘉定区实验幼儿园 杨思嘉家长)

案例 6-1 家园共筑儿童快乐情绪

每年九月对于小班教师来说是"焦头烂额"的时候,小班儿童第一次离开家长的怀抱,来到完全陌生的幼儿园,由心里的恐惧而产生的不安全感油然而生,教室里哭闹声此起彼伏。《3—6岁儿童学习与发展指南》中"健康领域"部分提出3—4岁儿童"在帮助下能较快适应集体生活"。由此可见,让小班儿童爱上幼儿园,适应集体生活是当务之急。

除了教师在园帮助儿童缓解焦虑的情绪外，家长作为儿童的第一任启蒙老师、陪伴者和监护人，家庭教育也起着举足轻重的作用。如何通过图画书来缓解儿童的入园焦虑，如何有效利用家长资源来发挥教育价值？我们进行了以下尝试。

发现儿童的兴趣需要。

"图书漂流"是我园的特色活动，它能让家长重视起儿童早期阅读，也能增进亲子间的交流与互动，是链接幼儿园与家庭沟通的纽带之一。小班的第一次图书漂流活动，大多数儿童对《气球小熊》这本图画书表现出浓厚的兴趣，都想要带回家进行阅读。家长在群里对该图画书也有较大的反响，纷纷反馈儿童对于此书的喜爱。原本好动的儿童都能静下心来进行阅读，有的儿童甚至在漂流期间的每天晚上都要求家长与之共读；有的儿童带回去一周后，第二周仍然继续想要进行漂流。在"阅读一刻"中，他们喜欢拿着《气球小熊》与同伴进行共读，会模仿气球小熊不同的表情。同时，对于教室里的毛绒小熊，他们都会亲切地叫它"气球小熊"。基于观察，我们解读到本班儿童很愿意亲近气球小熊，对这个故事很感兴趣。

思考儿童的情感需求。

小班儿童容易情绪不稳定，适应能力较弱，来园常有哭闹的现象。《3—6岁儿童学习与发展指南》在健康领域的教育建议中提到"帮助儿童学会恰当表达和调控情绪"。《气球小熊》的内容正是儿童日常情绪的写照，如何调节惊吓、生气、难过的情绪变回"可爱的小熊"，将负面情绪转化为正面情绪，图画书所传递的内容远比单纯的说教更深得儿童的内心。

小班主题活动《我的幼儿园》在内容和要求中指出"乐于参加集体活动，体验幼儿园生活的快乐，能遵守简单的集体规则"。结合绘本《气球小熊》内容来看，与主题的核心价值十分契合，以儿童喜欢的图画书为载体，相信能发挥主题价值的最大化。

实践家园共读的新模式。

图画书是需要多次阅读的，每次阅读都会带来不一样的收获。第一次导读时，我们将图画书《气球小熊》分享给儿童，他们对一些重复的语句"就像气球充了气，越涨越大"以及"啪——砰"有着浓厚的兴趣,会特别兴奋地跟着一起讲"越涨越大"并伴随着节奏,同时乐意模仿越变越大的动作。过程中他们是专注的,有强烈的参与愿望以及愉悦的阅读体验。儿童的哭闹声渐渐少了,更多的时候会在我的身边聆听故事。追随儿童对于图画书的兴趣,我们将若干本《气球小熊》投放于阅读区,便于儿童随时翻阅。

第二次共读的机会,我们给予了家长,鼓励家长在家与儿童再次分享图画书。在过程中,我们指导家长给予儿童更多观察画面的机会从而唤起他们对于故事内容再现的兴趣。从家长的反馈来看,儿童对于"越涨越大""软趴趴"等一些形态词语会结合前期经验用肢体动作表现,对于"啪——砰""咻"等象声词会通过语音语调来表现。家长们惊喜地发现儿童会尝试用"气球小熊……的时候,她会……"和"只要它……,又变回了可爱的小熊"等较长语句复述故事内容。除此之外,儿童知道气球小熊爆炸的不同情况以及调节方法,而当快乐时气球小熊会飘起来不爆炸,对于故事有了更深的理解。

与此同时,家长们还会和儿童一起模仿气球小熊"变大"和"软趴趴"的形象,有的儿童通过双脚之间的张合,有的儿童通过腮帮子鼓起,有的儿童通过头发竖起等等不同肢体形态来表现变大。同时,家长和儿童还会手拉手围成圈来表现变大的形态,体会到了亲子阅读带来的快乐。儿童对故事部分情节有延伸,乐于用肢体表现"变大"的形态,在一次次感受"变大"的过程中体验到了快乐,通过这样的表现方式来抒发自己的感受、体验和情绪。

随后,我们针对《气球小熊》进行了一次阅读分享会,从讨论中我们看出儿童对于不同情绪表现有了客观的认知,同时在情绪的关注上从自身转向同伴,会结合自己的生活经验对同伴表达关心,对于幼儿园也从逐渐适应到渐渐爱上。除了在班中和儿童进行了一次阅读分享会外,我们也通过漂流手册和班级家长群与家长进行了一次分享活动。我们将阅读分享会中对于儿童不同情绪的、与家长有关的内容与之分享(如当讨论到难过时,有的儿童会是因为妈妈的批评,有的儿童会是因为需求得不到家长的满足等等;如讨论到开心会怎样时,有的儿童会说会抱着妈妈,会一直亲爸爸等等),让家长更了解儿童的真实内心,知道儿童的情感需要,从而让家长更加关注儿童的情绪,增进亲子关系。

家园积极有效的配合是儿童全面成长的关键所在，家园通力合作会使教育达到事半功倍的效果。亲子阅读深得家长和儿童的喜爱，从中我们也不难发现我园的"慧阅读"课程不仅使教师们专业得到了成长，儿童身心得到了发展，而且也更新了家长们的教育观念，让他们也爱上阅读，爱上与儿童共同阅读的美好时光。

（上海市嘉定区实验幼儿园　张　丽）

第二节　丰富儿童情感表达

　　阅读是一件让人身心愉悦的事情,书中的情感教育也是非常深厚的。"慧阅读"课程不仅能丰富儿童的阅读经验,也能激发儿童的情感发展,促进儿童表达自己的情感。

　　实验幼儿园围绕"慧阅读"课程,积极开展系列阅读活动,以实现阅读对于儿童核心素养培育的重要作用。从"阅读社会""阅读自然""阅读自己"三个方面,每位老师都在不断努力,使我们的儿童成为"爱阅读、善交往、喜探究、乐合作、有自信"的智慧儿童。

　　作为一名大班儿童的家长,体会最深的莫过于"慧阅读"课程下的"小优图书漂流活动"。我的女儿不仅被激发了阅读兴趣,养成了良好的阅读习惯,提高了阅读能力,还成为了一个积极、乐观、有爱的大女孩。该活动以书为媒介,以阅读为纽带,让儿童和家长共同参与了多种形式的阅读过程。我从一开始只是坚持每晚给孩子做睡前的图画书阅读、每周的图书漂流,再到后来我们进行了一系列有意义的亲子阅读活动,包括家庭故事会、图画书创意表现、记录图书漂流手册、排练亲子童话剧等等。在实践中不断体会到亲子阅读对儿童成长的重要意义。记得有一次,我和女儿在共读完图画书《猜猜我有多爱你》后,进行了角色扮演的游戏:我来扮演大兔子,女儿扮演小兔子,我们一起模仿故事中的对话、表现故事中的动作,渐渐地女儿明白了表达爱的方式可以那样有趣和丰富。她也能够尝试用"我……,我就有多爱你"的句型来表达自己对家人的爱。看着女儿越来越会表达自己对家人的爱,我感到非常欣慰。

　　后来,在听了《羊群里的依依》后,女儿学会了很多书中的词汇,如与众不同、忧心忡忡、糟糕透顶、暴跳如雷、无拘无束、自由自在等等。这些词汇在日常生活中很难让她理解,但是在图画书有趣的场景中,我和女儿一起反复地欣赏和理解,让她印象深刻。随后,我发现女儿在碰到不同情况时都能用确切地词语来表达自己的意思。尤其是她的情感越来越丰富,对家人、朋友、老师、小动物都能用正确的词汇表达出自己的

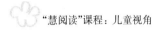
情感。记得一个三八妇女节，我的女儿第一次和我说："妈妈，祝你节日快乐！上班辛苦了！"我很惊讶女儿的祝福，以为小小的她还不懂节日，后来才得知是老师在班级中讲述了图画书《我妈妈》，女儿有感而发地对我说了这段话。图书漂流时，我收到了《我妈妈》这本书，第一时间和女儿一起分享，在书中提取出有效信息，引导女儿积极地表达情感，学会解决矛盾冲突的方法。这些都是"慧阅读"课程所带来的好处，也是其魅力所在。

通过"慧阅读"课程，我的女儿越来越会表达自己的情感需求，逐渐勇敢地与他人交往、学习大胆地展现自我，学会有序思考、换位思考、多元化思考。而家长也学会了如何进行亲子阅读、高效阅读、衍生阅读等。家园合作，共同助推儿童健康、快乐地成长！

（上海市嘉定区实验幼儿园　何瑾彦家长）

案例　6-2　《房子，再见》

作为上海市示范性幼儿园，我园非常重视对早期阅读的实践研究，2000年至今先后开展了《多媒体优化早期阅读》《儿童图画书在幼儿园阅读教学中应用的实践与研究》《幼儿园开展图画书阅读活动的实践研究》《幼儿园开展"立体阅读"的实践研究》《基于幼儿核心素养培育的幼儿园"慧阅读"活动实践研究》等市、区级课题的研究，并积累了有益的经验。在研究的过程中我们还发现，加强亲子阅读，能把家长培养成我们的"同盟军"。为此，我们开展了以下几项工作：

首先，家长在教育观念上存在着很多误区。虽然普遍家长重视亲子阅读，愿意花时间与儿童共同阅读，其中64％家长能保证每周陪伴儿童阅读4—5次及以上，100％的家庭拥有藏书，超过40％的家庭拥有500本以上的藏书量，但是家长对亲子阅读重要性的认识还有偏差。调查结果显示：虽然有将近72.27%的家庭有每天给儿童讲睡前故事的习惯，但是还有多达64.3%的家庭把识字作为阅读目的。同时家长缺乏亲子阅读技巧和策略。调查结果显示：24.4%的家长表示不知道选什么书最适合本年龄段的儿童阅读；20.4%的家长表示儿童在阅读时注意力总是容易分散，阅读时缺乏耐心；14.3%的家长认为儿童只喜欢听，不愿看图、讲述，不能主动阅读；12.2%的家长表示在讲故事时缺乏与儿童交流沟通、互动、启发创造力的方法；8%的家长表示儿童总问为什么，难以招架。

根据这些现状，我们从理念支撑及策略支持两方面对家长进行亲子阅读的指导：一方面，我们加强理念宣传。通过举行定期的亲子阅读指导培训、家长阅读沙龙、家长会等形式，让家长了解早期阅读的基本理念、亲子阅读的重要性以及开展家庭亲子阅读的具体策略和方法。另一方面，我们梳理出支持策略。策略一，提供书单。我们根据学习活动中的不同主题，为小、中、大三个年龄段的家长各提供一份相应书单，供家长选择适合儿童阅读的图画书。策略二，图书漂流。"图书漂流"是我园自2012年起就推行的家园共育项目。我们为三个年龄段各班均配了25—35本不等的经典图画书，为每本书配了"指导方案"和"漂流手册"，每位儿童每周带一本书回去与家长共读，并用自己的方式在《漂流手册》上记录下自己的阅读感受。图书漂流促使儿童和家长真正养成了阅读的好习惯。策略三，线上互动。在每轮图书漂流结束后，教师会引导家长们在班级家长群内分享亲子阅读过程中的趣事或是困惑，教师则根据家长的反馈适时指导或进一步调整亲子阅读互动的内容，通过反复的滚动和优化提升家园互动的成效。策略四，月读悦美。每月，我们都会在园所微信公众号上向各年龄段家长推荐与当月或与当下主题相关的亲子阅读图画书以及亲子共玩方案，为家长开展家庭亲子阅读提供思路。

在一次班级"阅读一刻"的图画书推荐活动中，小宝向大家推荐了《房子，再见》，她对大家说："小熊搬家了，它对家里的每个地方都说了再见，我最近也搬家了，但是我没有和我的房子说再见，我很想念我小时候的床、玩具，还有我们家的沙发……"

在这次好书推荐后，我们发现儿童经常在一起聊着关于搬家的话题"我也没有和我的家说再见""以前我们的小区里还有一个超大的滑滑梯……""我妈妈说等我上小学了也要搬家了……"。当小宝介绍完之后，大家纷纷聊起了搬家的话题。看着儿童这么感兴趣，我们把这本书推荐给了家长，并为家长提供了家庭亲子阅读思路。

首先家长通过阅读故事文字，帮助儿童理解小熊搬家以及和房子说再见的过程。接着了解角色关系。儿童发现故事中熊爸爸抱着小小熊去和房子的每个地方说再见，小小熊和熊爸爸这两个角色是故事的主角。最后仔细观察画面。初步理解画面中虚线和实线的含意，知道虚线表示消失。

在此基础上，我们开展了亲子讨论，并基于对绘本的理解，引发儿童进行个性化表达，如绘本表演。儿童通过理解绘本，从语言表达（用完整的语言讲述故事角色小熊的语言）、人物表情（根据故事角色的表情变化而变化）、情绪情感（表现故事中小熊由悲伤到释然的情绪变化过程）进行绘本演绎。

亲子阅读活动《房子，再见》持续了约二周的时间，在整个过程中，我们发现无论是儿童还是家长，在我们的指导下、在这本书的影响下，都在悄悄地发生变化，获得了成长：

对于儿童来说——他们对图画书的理解更深入了，通过一次次地阅读和理解，在观察、模仿和讨论中，他们对故事情节和角色之间的关系等有了更深入的理解。例如，他们发现小熊在离开时还依依不舍地看着老房子，猜测小熊对房子的不舍是因为在老房子里有许多美好的回忆。活动后我们发现儿童的语言表达和思维能力有所提高，个性化的表达表现得到了凸显。

对于家长来说——首先，他们的亲子阅读方法得到了迁移运用。通过这一次的亲子阅读，家长们将之前学习的朗读故事的技巧、引导儿童提问以及个性化表达支持等策略一一运用到活动中。其次，对图画书核心价值的解读有所提高。家长和儿童共读和讨论的过程中，对图画书的核心价值的解读能力也更强了。最后，对亲子陪伴重要性的感悟更深了。《房子，再见》这本书，把一家人凝聚在一起，共同阅读、一起讨论和游戏，使得亲子情感更深、对儿童的了解更全面、亲子间的默契程度也更高了。不少家长满怀欣喜地表示在陪伴孩子阅读的过程中，仔细品味儿童对绘本的疑问和理解，仿佛重新认识了自己的孩子,原来他们的内心也藏着许多柔软与细腻。

对于教师来说——首先,提高了解读儿童的能力。围绕一本图画书开展幼儿园主题式阅读和家庭亲子阅读活动。通过观察记录儿童的关注点和问题以及儿童个性化的表达表现,有助于教师及时了解儿童的兴趣和需求,更精准地把握和推动活动的进程,教师解读儿童的能力在不断增强。其次,提高了亲子阅读指导能力。在与家长线上、线下不断地沟通中,我们能针对不同家长的需求为他们提供个性化的支持与指导,使教师对家长的需求更为了解,扩宽了今后设计亲子阅读活动时的思路。

对于幼儿园来说——优化了阅读特色课程。我园"慧阅读"课程在实施的过程中需要家庭亲子阅读版块的内容,亲子阅读活动《房子,再见》对园本课程体系是一个很好的补充,形成了家园合作的良好氛围。通过家园联动,不仅使家长对我园的特色课程有了深入的了解,推进我园特色课程,更增进了家园沟通,形成了步调一致、密切合作、相互支持的良好氛围。

这个活动带给我们的点滴思考在于,教师对绘本核心价值的把握能力还需提高。教师在拿到一本图画书时需要对其内容、主旨、画面等进行详细的解读,思考图画书的核心价值,只有在把握核心价值后,才能使图画书的价值最大化。

另外,教师在设计亲子阅读活动时除了从班级热点、教学需求、主题内容、年龄特点等出发,还可以针对不同个性、不同发展需求、不同能力的儿童家庭制定个性化的阅读活动,让每位儿童和家庭都能在亲子阅读活动中有所收获。

（上海市嘉定区实验幼儿园　金　悦）

后 记

经过多年的积淀，"慧阅读"课程的推展得到了上级部门、儿童、家长、社会各界的肯定与赞誉，也取得了丰硕的成果。嘉定区实验幼儿园作为上海市嘉定区学前教育的标志性窗口，在全体教职员工的共同努力下，创新实践"慧阅读"课程，不断促进幼儿园课程的可持续发展，促进儿童、教师和幼儿园整体的发展。

"慧阅读"课程发展了儿童的能力。

"慧阅读"课程全面提升了儿童的学习素养，为儿童形成完整和谐的人格打下坚实的基础。儿童在"慧阅读"课程中，自主命名"小优阅读八乐园"、自主开展主题式阅读活动，充分调动了儿童的学习主动性，激发了儿童学习的兴趣，让幼儿园真正成为了儿童活动的乐园。通过"慧阅读"课程，儿童养成了善于观察、坚持学习、积极思考、制定计划、解决问题等良好的学习习惯。儿童从知识的获得转变为能力的提升，通过实际操作、亲身体验来获取真实的感受。"慧阅读"课程不仅促进了儿童阅读能力、科学探究能力和创造表现能力等，更是提升了儿童的综合学习能力。

"慧阅读"课程促进了教师的发展。

"慧阅读"课程实施的过程也是教师专业不断成长的过程。教师探索儿童学习经验、解读儿童的需求，基于儿童的需求设计组织实施活动，在提升课程质量的同时也增强了教育教学能力、实践创新能力和科学研究能力，丰富了自身的专业素养，提高了课程领导力。

在"慧阅读"课程实施过程中，教师转变视角，不断深化课程内涵，从关注教育载体到关注教育对象，从关注教师"如何教"到关注儿童"如何学"，从关注结果到关注过程，力求通过"慧阅读"课程的实施进一步激发儿童主动学习、深度思考，获得多元、有益的经验。在理念指引下，教师的有效教学也进一步发展了儿童的核心素养，有效培育儿童的学习习惯和学习能力。在具体实践过程中，教师的指导策略逐渐丰富，能够运用多样化的操作策略和方法，引导儿童感受、体验、理解、表现、创造，支持儿童主动尝试、自主表达，使儿童充分表现自我、发展自我。同时，教师的适时指导与推进使得"慧阅读"课程由形式上的热闹转变成了过程行进中的关注，充分发挥阅读的教育魅力，促进儿童的综合能力发展。

"慧阅读"课程激发了全员教师发现问题和解决问题的积极性。通过加强培训、搭建平台、专家引领、活动展示等实践，使教师在项目实施中获取新信息，开阔新眼界，激发新潜能，并逐步形成教学特色，促进个性发展。

"慧阅读"课程促进了幼儿园的发展。

基于教育综合改革"砺新计划"的深入推进，依托区级重点课题《基于儿童核心素养培育的幼儿园"慧阅读"活动实践研究》的持续研究，以区域大视野课程"慧雅阅读"联盟学习共同体为领衔，开展"慧人、慧书、慧馆"三慧模式的"慧阅读"课程创新实践，打造智慧团队、培育聪慧儿童，践行课程、课堂、教学的深度变革。

"慧阅读"课程将共同性课程与选择性课程有机融合，寻找共同点进行统整。开展主题式阅读活动，以"满足儿童的学习需求"为核心，进行基于问题导向的真学习、真体验、真研究，从而提高教师课程实施的创新能力，让课程追随儿童的发展，强化课程的品牌效应。

在"慧阅读"课程实践中，实验幼儿园积极拓宽教学思路和教学途径，以环境课程的实施来进一步拓展"慧阅读"课程的教学领域，以户外环境体现自然之美，室内环境体现人文关怀，专用活动室体现功能专业，让每一面墙壁、每一个角落都会"说话"，使儿童走进阅读的世界，充分领略阅读的神奇魅力，潜移默化接受美的熏陶。随着活动的不断推进，阅读环境也在不断地凸显着教育意义，阅读成为实验幼儿园的文化基因。

回顾这三年来课程与教学改革的发展历程，"慧阅读"课程的实践探索锤炼了创新型教师团队，促进了儿童个性化、多元化发展，提升了教师团队的课程意识和儿童发展意识、管理团队的课程领导力以及家长对课程的认同度。回顾以往，审视未来，还有一些问题有待深入思考和实践解决。

第一，深度优化"慧阅读"课程的内涵。我们需要进一步优化幼儿园的课程建设。

首先，关注儿童的个性化发展需求，持续创新活动样式、优化教师的支持策略，让课程实施通过教师与园本环境体现育人功能与价值。其次，将信息化技术与阅读课程相结合，运用大数据来解读、分析儿童行为，进一步提升教师的专业素养。再者，完善科学的课程评价体系，选择适合儿童发展的评价工具，通过解读、分析、支持儿童来提升教师教科研能力，同时让课程与活动更适合儿童当前和未来的发展。

第二，进一步增强"慧阅读"课程的引领和辐射作用。作为上海市嘉定区的一所老牌示范园，我们需进一步扩大幼儿园课程的影响力和开放度，更好地发挥示范引领作用，我们的目标是将幼儿园置于更广阔的平台和高度，让更多的人关注实验幼儿园，关注嘉定品质教育，成为嘉定区学前教育一扇标志性的窗口。

阅读润童心，童心慧阅读。"慧阅读"课程带给孩子们的是心灵上的触动、情感上的激励。阅读，是一盏点亮孩子心中真、善、美的明灯，是影响儿童一生发展的好习惯。"慧阅读"课程为儿童、教师营造了一个教育化、人文化、艺术化的教育氛围，促进了幼儿园内涵发展，提升了办园品质。未来的路还很长，需要我们持之以恒，坚定不移地继续走"慧阅读"特色发展之路，不断塑造符合课程特质的教师团队，为每一位儿童提供平等、优质、多元的学习机会，真正实现为所有儿童健康、幸福成长实施快乐启蒙的教育目标。

学校整体课程规划的七个关键	978 - 7 - 5760 - 0424 - 3	62.00	2021 年 3 月
课堂教学的 30 个微技术	978 - 7 - 5760 - 1043 - 5	52.00	2020 年 12 月
教学诠释学	978 - 7 - 5760 - 0394 - 9	42.00	2020 年 9 月
原点教学：提升区域育人质量的策略研究			
	978 - 7 - 5760 - 0212 - 6	56.00	2020 年 8 月

学校课程发展精品丛书

学科课程群与全经验学习	978 - 7 - 5760 - 0583 - 7	48.00	2021 年 1 月
育人目标与课程逻辑	978 - 7 - 5760 - 0640 - 7	52.00	2021 年 2 月
学科课程与深度学习	978 - 7 - 5760 - 0505 - 9	52.00	2021 年 2 月
学校课程的文化表情：百花园课程的学科指向与深度实施			
	978 - 7 - 5760 - 0677 - 3	38.00	2021 年 2 月
学校文化与课程变革	978 - 7 - 5760 - 0544 - 8	62.00	2021 年 2 月
语文天生重要：语文学科课程群设计			
	978 - 7 - 5760 - 0655 - 1	44.00	2021 年 2 月
五育并举的课程体系：致良知课程的旨趣与探索			
	978 - 7 - 5760 - 0692 - 6	48.00	2021 年 1 月
学科课程与育人质量	978 - 7 - 5760 - 0654 - 4	48.00	2021 年 1 月
在地文化与课程图谱	978 - 7 - 5760 - 0718 - 3	46.00	2021 年 2 月
中观课程设计与学科课程发展	978 - 7 - 5760 - 0624 - 7	36.00	2021 年 1 月
大教学：英语学科核心素养培育的课程模式			
	978 - 7 - 5760 - 0462 - 5	46.00	2021 年 1 月

特色学校聚焦丛书

不一样的生命，一样的精彩	978 - 7 - 5675 - 8675 - 8	34.00	2019 年 3 月
童味正醇：特色学校的文化图谱	978 - 7 - 5675 - 8944 - 5	39.00	2019 年 8 月
特色普通高中课程建设探索	978 - 7 - 5675 - 9574 - 3	34.00	2019 年 10 月

儿童是天生的探索者：360°科学启蒙教育

　　　　　　　　　　　　978 - 7 - 5675 - 9273 - 5　　36.00　　2020 年 2 月

做精神灿烂的教师：教师自我成长的 5 个密码

　　　　　　　　　　　　978 - 7 - 5760 - 0367 - 3　　34.00　　2020 年 7 月

让教育温暖而芬芳　　　　978 - 7 - 5760 - 0537 - 0　　36.00　　2020 年 9 月

快乐教育与内涵生长　　　978 - 7 - 5760 - 0517 - 2　　46.00　　2020 年 12 月

故事教育与儿童发展　　　978 - 7 - 5760 - 0671 - 1　　39.00　　2021 年 1 月

美好教育：学校内涵发展的循证研究　978 - 7 - 5760 - 0866 - 1　　34.00　　2021 年 3 月

把美好种进儿童心田　　　978 - 7 - 5760 - 0535 - 6　　36.00　　2021 年 3 月

跨学科课程丛书

大情境课程：主题设计与创意评价

　　　　　　　　　　　　978 - 7 - 5760 - 0210 - 2　　44.00　　2020 年 5 月

社会参与素养的培育模型与干预机制

　　　　　　　　　　　　978 - 7 - 5760 - 0211 - 9　　36.00　　2020 年 5 月

大概念课程：幼儿园特色主题活动设计

　　　　　　　　　　　　978 - 7 - 5760 - 0656 - 8　　52.00　　2020 年 8 月

项目学习：进入学科的课程智慧　978 - 7 - 5760 - 0578 - 3　　38.00　　2021 年 4 月

核心素养导向的课堂教学丛书

漾着诗性智慧的课堂教学　978 - 7 - 5675 - 9308 - 4　　39.00　　2019 年 7 月

转识成智的课堂教学：核心素养导向的历史教学

　　　　　　　　　　　　978 - 7 - 5760 - 0164 - 8　　40.00　　2020 年 5 月

学导式教学：学会学习的教学范式

　　　　　　　　　　　　978 - 7 - 5760 - 0278 - 2　　42.00　　2020 年 7 月

高阶思维教学的关键技术　978 - 7 - 5760 - 0526 - 4　　42.00　　2021 年 1 月

会呼吸的语文课：有氧语文的旨趣与实践

　　　　　　　　　　　　978 - 7 - 5760 - 1312 - 2　　42.00　　2021 年 5 月

特色课程建设丛书

教师,生长的课程	978 - 7 - 5760 - 0609 - 4	34.00	2020 年 12 月
学校课程发展的实践范式	978 - 7 - 5760 - 0717 - 6	46.00	2020 年 12 月
丰富学习经历：如歌式课程的愿景与深度			
	978 - 7 - 5760 - 0785 - 5	42.00	2020 年 12 月
学校课程群设计方法	978 - 7 - 5760 - 0579 - 0	44.00	2021 年 3 月
学校美育课程的立体建构：菁华园课程的逻辑与框架			
	978 - 7 - 5760 - 0610 - 0	36.00	2021 年 3 月
关键学习素养与学科课程设计	978 - 7 - 5760 - 1208 - 8	34.00	2021 年 4 月
学校课程设计：愿景建构与深度实施			
	978 - 7 - 5760 - 1429 - 7	52.00	2021 年 4 月
生长性课程：看见儿童生长的力量	978 - 7 - 5760 - 1430 - 3	52.00	2021 年 4 月
"慧阅读"课程：儿童视角	978 - 7 - 5760 - 1608 - 6	42.00	2021 年 6 月